謹將這本書獻給

——————————————————— ，

願你度過平靜自在的一天

Seolleda 崔懸正 著

李煥然 譯

內心的自己，
想要跟你說說話

100則療心配方，陪伴你收納情緒、好好照顧自己，
為內心的暗影照進溫暖的光

- 有時我們得要透過外在的接納，才能向內接納自己，這本書扮演的正是這樣的角色。藉著字裡行間的溫柔，讓我們不再閃躲內心的陰暗面，對自己的存在有安全感。
　——臨床心理師 洪仲清

- 這是一本同理之書。閱讀時，我彷彿被一篇篇圖文和心兔深深地同理，這本書替我說出了「我想你」、「我孤獨」，也能幫你看見內心深處的幽微感受，當情緒被接住，感覺好多了。我每天隨意翻閱一篇，感受陪伴與同在，推薦你也可以試試。——諮商心理師 盧美妏

- 將手輕輕放在左心房，閉上眼睛，感受到了嗎？你的心一直和你在一起。但是，你有多久沒跟心說說話了呢？當外在的喧囂紛擾令人感到無助與失落，希望透過這本溫暖的書，讓我們成為那個無論如何都可以「先接住自己」的人。——IG閱讀帳‧愛書人 陳子楹

- 我們的內心往往充斥著各種矛盾、糾結的情感，這本書的目的不在於消除這些情感，而是讓我們認知，並且原原本本地接納它們的存在。——日本文學類 YouTuber Belle

- 看著質樸而溫暖的插畫，以及勾勒內心深處各種情感的文字，除了身心獲得療癒，也能和自己的內心對話。雖然「自愛」對我來說還是很難，但我會慢慢地、一點一滴地，努力珍惜自己。

- 這本書和其他心理學書籍有所不同，它不會催促你做什麼、也不給予直接的安慰，只是和你一起回頭看看自己的模樣，進而重新檢視自我、接納真實、療癒內心。

- 被寂寞淹沒、遭人背叛而痛苦、與他人比較覺得自卑、對未來感到焦慮……這本書讓我看到了自己傷痕累累的內心，同時給了我溫暖的撫慰。

- 這本書溫柔地擁抱了我們疲憊或受傷的內心，在休憩或放鬆的時刻，我往往想要翻閱其中喜愛的段落，只是欣賞插圖都是一種享受。

- 我們都不是完美的，每個人都有煩惱與焦慮。正因為我們不完美，才能觸及他人的溫柔與愛，也才懂得善待他人。就讓這本書代替你道出難以言喻的情感，邂逅其中的話語來治癒內心吧。

contents

chapter 2
凝視彼此的心

chapter 3
試問心是否安好

chapter 4

獻給受傷的心

chapter 5

雖然不能隨心所欲

chapter 6

心裡長了刺的日子

chapter 7

關於無法成眠的心

chapter 8
為了心所做的準備

重新遇見
內心的時間

產生心意，感受情緒。

心裡先是出現了什麼，接著又漸趨平靜，

好似要滿溢出來，卻又消逝而去。

雖然無法準確解釋，但已經發生了明顯的變化。

相信其中也有難以承載的事物吧，

在某些日子裡，若不向外吐露，就很難熬得過去。

承受不住的事物，

不一定意味著痛苦和悲傷的情緒，

也可能是無比喜悅而激動的情緒。

有時候，世界上的任何文字都無法表達我的心情，

此刻圖畫便做為新的語言靠近，

話語難以道盡的心情，就由圖畫來傳遞。

可以展示承載著自己情緒的圖畫來開啟話題，
相對地，也可以藉由圖畫理解他人的苦痛。
圖畫所具有的力量是「給予擁抱」，
在其中，我們可以充分地思考和感受，
不僅僅是快樂，也能用盡全力去體會痛苦與煎熬。

透過這本書，那些想要視若無睹的心情，
還有連自己也尚未察覺的內心，
或許都能夠好好面對。
希望你可以和心兔一起，或是化身為心兔，
靜靜凝視、感受自己的情緒，任它們自然地流淌。
在屬於你的療癒時刻，讓心兔陪著你⋯⋯

Seolleda 崔愍正

給自己一段時間，
小心翼翼地窺探，

那些雖然明白，
卻又想裝成若無其事，
或是毫末察覺的心情

chapter 1

捕捉搖擺不定的心

沒來由的空虛

　　有時候，胸口會砰的出現一個好大的「洞」。

　　在沒來由地感到空虛的日子，總是格外想找個人見面，卻又想不出要找誰；就算見了，也填不滿內心的缺口。

　　渴望與人相會所做的努力，反倒讓心更覺寒冷。

　　雖然不寂寞，卻總是有點空虛；雖然不太痛苦，似乎也不怎麼平靜；雖然好像需要某個人的安慰，又不想依賴別人……於是變得不知所措。「空虛」

無法填滿的

　　眞是一種微妙的情緒。

　　「看場喜歡的電影就沒事了。」

　　「吃點美食就會好起來的。」

　　「啊⋯⋯不知道啦，一覺醒來是不是就能忘得一乾二淨呢？」

　　因爲無法忍受空虛，所以拚命想往內心裡塞點什麼。今天也一邊盼望著填滿心的空洞，一邊努力戰勝空虛。

捕捉
搖擺不定
的心

25

在那片大海底下

　　一想到「思念」這個詞彙，你的腦海中是否會浮現分手後的情侶渴望見到彼此的情境呢？然而，思念不見得只存在於相愛的伴侶之間，家人、朋友、意氣相投的同事，在因為各種緣分連結起來的關係裡，思念是與心意相通的人共同擁有的情感。

　　我們往往不把思念表現出來，而是藏在內心的大海深處，認定它是一種會讓自己變得脆弱的情感，甚至難以好好面對。

　　不妨讓內心用力擁抱思念，試著感受一下吧。

　　如果一邊想著思念的人，一邊流下眼淚，大聲地說出「我想見你」，相信胸口就會溫暖起來。

　　直到那時，我們才會明白，思念與愛的心意並無二致的事實。

捕捉
搖擺不定
的心

不要自絕於孤寂

低矮的椅腳變得越來越長，最終升到了誰也無法攀上的高度。

「讓我一個人靜一靜，我會自己看著辦的。」

雖然可以從椅子上下來，但不知怎麼地，總覺得一個人待著也不錯。遲疑了半晌，時間隨之流逝，正當耐不住孤獨，打算跳下去的剎那，才發現──糟糕，我一個人跑到太高的地方了。

在這猶豫的片刻，時間再度流逝，如今比起獨自一人，更害怕的是離開這裡。因為看著我的人們，沒有任何人伸出手來。我原本還想著，無論是誰都好，只要有人對我說：「你可以下來了喔。」我就打算鼓起勇氣縱身一躍的……

捕捉
搖擺不定
的心

29

臨睡之前

　　當全世界都沉睡了，孤獨才悠悠地醒來。走進漆黑的房間，舒展疲憊的身體躺了下來，卻還是因為孤獨而心緒不定，難以入眠。

　　在這樣的夜晚，總會漫不經心拿起床頭的手機，或是重新閱讀與人交流的訊息，或是瀏覽社交平台上的各種個人檔案。

　　在那些簡短的文字裡，有的寫著有趣的字句或名言，有的寫著自我的抱負，但也有的充斥著痛苦；有的流露出對於傷害自己的人所懷抱的恨意，也有的委婉地抒發著憂鬱的心情。

　　仔細窺視他人的故事，才發現大家也跟自己一樣孤獨。或許現在的他們，也在漆黑的房間裡，一邊直直地注視著手機，一邊面對著自己的孤獨。

捕捉
搖擺不定
的心

彼此偏離的瞬間

曾經有個人跟自己非常合得來，甚至會好奇對方是不是自己失散的雙生手足，而在與他徹底形同陌路的前夕，不由得讓人靜下來思考。

「這個人和我怎麼會走到這步田地呢？」

曾經是那麼一拍即合的默契，曾經是那麼無條件信任的關係，斷絕往來的原因究竟是什麼呢？比起絕交所帶來的傷害，關係為何會變得如此疏遠，更讓人疑惑不解。從光是回想都覺得難為情的幼稚小事，到至今仍令人怒不可遏的衝突，或許有各式各樣的理由。

我們用數不清的話語、行為和表情，在彼此的心中劃出傷痕，最後只留下這麼一句：

「我們兩個合不來，就是這樣而已。」

覺得意氣相投而開展的關係，又因為個性不合而劃上句點。如果有個明確的壞人，只要對他大罵，

或許就能忘個一乾二淨，但大多數的情況都是，並非是誰不好，也沒有誰做錯了什麼。

　　不過，在那個彼此偏離、漸行漸遠的瞬間，或許沒過多久，我們就會迎來下一次的邂逅，也會再度說出同樣的一句——

　　「我們真合得來，能遇見你真好。」

我喜歡這個

可愛又單純的執著

　　我們常會看到，貓咪試圖把身體強行塞入狹小的箱子裡。執意要把龐大的身體擠進只有手掌大小的箱子，這就是貓咪的執著！

　　每個人多少都有些可愛又單純的執著，有時候甚至會堅持到他人難以理解的程度。這種不尋常的倔強，任誰看了可能都覺得很麻煩、沒效率，得不到好處；雖然我們自己也心知肚明，卻又很難捨棄，因為這份執著與自己之間，存在著舒適、安寧、喜悅，以及快感。

　　只要不影響到別人，執著不就是自己能夠享受，也值得守護的孤獨嗎？

捕捉
搖擺不定
的心

翻越孤獨的圍牆

人們在相處時感受到的孤獨，往往是由他人傳達的疏離感所引發，是一種彷彿在人群中被獨自遺留下來的心情。

有時候，我們明明渴望和大家變得更親近，卻因為羞於開口，或是想不到該說什麼，空轉了半天，最後還是融入不了而落單。這時，只要某個人一句溫暖的話語，孤獨的情緒就會瞬間消散；因為疏離而感受到的孤獨，只需要足以包覆住自己的關愛，便能獲得治癒。

不過，世上並非只有這樣的孤獨。在與他人疏遠之前，我們也可能覺得自己「更喜歡獨處」，寧願一個人自得其樂。起初，我們還洋洋得意地一步步築起圍牆，結果無意間就把自己困在裡面了。這時候不需要驚慌，只要走出牆外就好。

那要怎麼走出來呢？你可能會認為，這需要相當

的決心或重大的契機，其實只要舒展一下原本蜷縮的身體，抖落掉身上的灰塵，像翻牆一樣「咻」的跨越就行了。

雖然可能會因為害羞與尷尬而遲疑不定，但我們總不能一直活在那道牆裡。自己築起的這一道名為「孤獨」的圍牆，並沒有想像中來得高，從牆外甚至能隱隱約約地看見自己，所以放心走出來吧。

捕捉
搖擺不定
的心

倘若思念越來越強烈

　　是從什麼時候開始的呢？打電話給某個人的次數變少了，也幾乎不再聽著冷冰冰的響鈴聲，等待對方的聲音出現。直到有一天，才突然意識到，自己以往按壓著的不是通話鈕，而是思念的心情。

　　如今，我們已經能輕易窺視地球另一端某個熟人的瑣碎日常，但不知為何，透過聲音傳遞心意，卻變得越來越難為情。

　　「我想你，好想見你。」

　　有時候，這句話比「我愛你」更難啟齒，卻是不可或缺的表白。試著打通電話給此刻在腦海中浮現的人吧。可以談論無關緊要的天氣，或是隨意問候幾句，接著再鼓起勇氣說出──「我好想你」。

　　內心滿溢的思念，如果能裝載在這句話裡傳達出去，或許對方也會坦承，自己有著同樣的心情。

一層又一層包覆著的

「在我的裡面有太多的我。」[1]

當我們在探尋自我時，還有比這句歌詞更適合的形容嗎？宛若洋蔥般，剝了再多層皮也看不見盡頭的，就是所謂的「自己」……在這個「我」之中，有本來已知的模樣、初次窺見的姿態，有時還會出現自己不想承認的，卑鄙無情的面貌。

縱使我們鼓勵並引領著內心裡無數的自我，以為善盡了艦長的職責，有時那個任性調皮的自己還是會蹦出來，惹事生非一番。但也無需太過擔心，此時不妨想著：「啊，原來我也有這一面。」接納這個和平常不同的自己吧。

自我的面貌不能說丟就丟，也無法出於羨慕，就把別人的面貌占為己有。所以，我們只能好好激勵自己、鼓舞自己，一起和睦地相處下去。

41

註1 韓國民謠樂團「獵人與村長」的代表作《荊棘樹》開頭的歌詞，此曲後來由流行歌手曹誠模翻唱。

名為「等待」的幸福

　　如果人生總是安寧、自在而溫暖，那該有多好，但我們不會時時刻刻都活在幸福裡。有時我們也會遭遇嚴酷的困難，宛如灼熱沙漠中令人窒息的沙塵暴，讓人難受得眼睛都睜不開。

　　有著被溫柔牢牢包覆的記憶，也有著痛苦到想要逃走的記憶，那個地方就在自己的內心。裡頭有一道無限延伸的高牆，而在牆的另一邊，有著自己正在「等待的事物」，至於那究竟是什麼，則是因人而異。

　　家人、伴侶、朋友、夢想、目標……

　　無論高牆的另一頭是什麼，期待與之相見的熱切渴望始終如一。隨著引頸期盼的時間一點、一點累積，看似不可撼動的高牆也逐漸瓦解。雖然現在只有狹小的裂縫，但相信總有一天，這個缺口會越變越大，使高牆轟然倒下，我們也得以和另一頭那渴

求已久的存在相見。

　　在這個時刻來臨之前，請務必好好堆疊起熱切的
渴望，耐心地等候。

高牆很快
就要倒下了，
待在那裡
再多等一會兒吧

多愛一點，少愛一點

　　一段戀情展開後，根據「愛的程度」而定，有時會由其中一方掌握主導權，形成了類似權力結構中的上下關係。多愛一點的人，往往會對少愛一點的人不斷地付出、給予。

　　當我們得到了「1」的愛，即使無法同樣以「1」的愛回報給對方，但若想維持這段關係，彼此都要付出許多努力。除了要珍惜對方表現的心意，在此之前更要做好接收心意的準備。

　　如果有人不具備這兩種心態，又幸運地獲得了別人的愛，那會有什麼結果呢？這個人縱使得到了足夠的愛，也不懂得珍惜；而且不管得到多少愛，內心也無法被填滿，仍會一天到晚向對方索求愛情。

　　這種情況一旦反覆發生，到頭來只會讓彼此都疲憊不堪。如果明明得到了對方滿滿的

愛，卻依然覺得內心空蕩蕩的，不妨仔細想一想，
自己有沒有好好地珍惜從別人那裡得到的愛與情意
呢？

滿溢而出的憂鬱

　　韓國有這樣一句俗諺：「綿綿細雨溼衣裳，小事不防上大當。」憂鬱也是一樣，總會在不知不覺間悄悄侵蝕內心，留意到的時候已經深陷其中。

　　然而，我們往往會將它視爲「心靈的小感冒」，輕描淡寫地一笑置之。在仔細留意他人感受和情緒的同時，我們卻對自己漠不關心，甚至有點冷血。就這樣，憂鬱漸漸打濕了我們的腳踝，爬至腰間，漫到脖子，最終上升到比我們個頭還高的地方，把我們吞噬殆盡。

　　若不想深陷憂鬱，有兩種預防的方法，一是要有自愛之心，一是當憂鬱來襲時能適時排解。自己的心要自己照顧，這樣才不會因爲對自己漠不關心，而掉進憂鬱的深淵。

玻璃瓶的世界

「有人沒注意到前面有一道玻璃牆，走著走著就砰的一聲撞倒在地上。」看著短劇中常見的這個橋段，我們放聲大笑。雖然表演者滿臉痛苦的摔跤模樣很有趣，但沒注意到玻璃牆就一頭撞上去更是滑稽。我們會覺得，玻璃牆明明就擺在眼前，怎麼可能看不見呢！

然而，或許我們都是在各自的玻璃瓶裡過著自己的生活，即使別人看來顯而易見，但身處其中的自己，會不會也難以辨別瓶中與瓶外之間的分界呢？

啊，如果是帶著顏色的玻璃瓶，或許我們就能藉由自己的眼睛確認。只不過，世界看起來也會被染成了玻璃瓶的顏色。

幸與不幸的守恆定律

　　自己所擁有的平凡日常，對某些人來說或許會羨慕嚮往，即便如此，我們還是會無可避免地在意著他人的幸福。當然，別人也會遭遇痛苦與艱辛，我們卻往往確信那只是一時的事件，別人一定有更多快樂的際遇，同時覺得世上的各種不幸都會朝自己襲來，幸福則不願駐足片刻。

　　或許，我們都在過著自己的生活，同時又羨慕著對方的人生。

　　試想，如果有「幸與不幸的守恆定律」，那會怎麼樣呢？也就是把幸福當成＋，把不幸當成－，將一個人在一生中經歷的幸與不幸總計起來，就會等於「0」。

　　即便徘徊在痛苦的隧道中看不見盡頭，覺得幸福絕不可能到訪，也要相信自己終究會走出隧道，迎來耀眼的幸福。這聽來或許老套，但幸與不幸一定

會達成平衡，畢竟這世上沒有永遠的不幸，也沒有恆久的幸福。

　　所以，無需羨慕別人的幸福，而同樣重要的是，也不能沉醉於自己的幸福而過度高傲、自滿。

捕捉
搖擺不定
的心

要是覺得
「可能走錯路了」……

在隊長的指揮下，一群人正在奮力爬山，好不容易到了山頂，隊長才說：「好像不是這座山。」聽到這句話之後，大家有什麼反應呢？——他們毫不遲疑，義無反顧地又朝著另一座山竭力邁進。

用心盡力地投入某件事，某個瞬間卻突然浮現這樣的念頭——「現在這麼做是對的嗎？要是走錯路了怎麼辦？」光是想想，就讓人垂頭喪氣、渾身無力。就算是自己喜歡的事物，那份熱愛也可能變得虛無，甚至冷卻下來。

最可怕的是，我們還會被「雖然勇往直前拚盡全力，這一切可能都是錯覺」的恐懼所侵蝕。而猜疑一旦產生了，就會不斷扯後腿，讓我們很難若無其事地繼續前進。

「是不是應該馬上轉向，去找另一條路呢？我該

不會走到盡頭了吧⋯⋯？」

　　縱使煩惱在心頭盤據，還是要先反覆告訴自己：
「這份擔憂可能也不是正確答案。」好為這個想法
踩住煞車。比起放棄目前的進度、或是打掉重練，
選擇修正、調整原本的路線，成功的機率要來得更
高。尤其是我們傾注了許多心血投入的事，就更是
如此了。

　　你是不是對自己當初選擇的路、正在走著的路，
有些惶惑、不安呢？那就暫且停下腳步吧，仔細審
視自己的選擇、一路走來的歷程，還有自己對這一
切所懷抱的感受。

不要丟下我一個人

「走開，我叫你走開！」

聽到女人言不由衷的吶喊，男人轉過身去，此時女人又再次在心中吶喊。

「我叫你走，你就真的走了嗎……？」

吵著要別人走開，別人要走卻又埋怨對方，真是彆扭的反應。這樣的場景，時常發生在你我身邊。

「拜託你讓我一個人靜一靜！」

有人蜷縮在角落如此威脅著，不願意讓任何人靠近。但沒過多久，他就覺得寂寞了。

「竟然真的丟下我一個人……」

然而，他又提不起勇氣再次呼喚任何人。思念他人的心情，以及渴望獨處的心情，在這兩者的間隙裡夾雜著濃濃的孤獨。現在的你是渴望和別人在一起呢？還是想要一個人靜一靜？

捕捉
搖擺不定
的心

chapter 2

凝視彼此的心

我才討厭你！
討厭你，
超討厭你！

我討厭你！
沒有為什麼，
就是討厭你！

自己先跨出一步吧

　　有的人明明沒做錯什麼，卻莫名惹人討厭；有的人什麼也沒做，卻讓人自然產生好感。除此之外，有的人即使對我們很好，我們卻沒辦法喜歡他們；相反地，有的人雖然苛待我們，我們卻願意諒解。

　　雖然有這幾種例外，但是大部分的時候，我們都會像照鏡子一樣，回報同等的心意與態度來建立彼此的關係。只要對方善待自己，自己也想要溫柔回

我也是……
我喜歡你～～

我喜歡你，
我想要
對你好……

應；要是對方表現冷漠，我們也會相敬如冰。

　　這看起來或許很幼稚，但人心往往都是如此。要是對方正在挑釁自己，與其一樣反擊回去，改成微笑著向對方伸手示好，那會怎麼樣呢？不妨暫時放下「是他先開始的！」的想法，就這麼一次，試著展現不同的反應。如此一來，對方或許就會無地自容，為自己的行為感到羞愧也說不定。

凝視
彼此的心

適當的距離感

　　也許是過去受了什麼影響，或背負了什麼創傷，有些人總是把身上的刺豎起來過日子。

　　對於那些總是冷言冷語，表現出攻擊性的人，我們往往很難有耐心了解、同理他們的過去，因為無論對方有什麼苦衷、隱情，被尖銳話語刺傷的還是我們自己。

　　雖然沒有必要刻意靠近對方，聆聽那些讓人不悅的發言，但要不要至少試著思考對方的處境呢？

　　當然，這並不是要你一味地去包容、諒解對方，只是希望你想像一下，為何對方會退得那麼遠，還要說出帶刺的話呢？

　　在此同時也回想看看，自己是否也曾在不知不覺中，說過讓某個人受傷的話。

凝視
彼此的心

爭吵過後

　　與親密的人發生爭執，往往會讓彼此承受難以彌補的傷害，雖然隨著時間流逝能加以掩蓋，但曾經深深刻下的那道傷口，還是會一直刺痛著。

　　彼此的關係越是親密，越清楚對方對什麼樣的話會感到心痛，或是提起什麼事會覺得受傷，所以即使是雞毛蒜皮的小事而引發的爭吵，狀況往往也會變得難以收拾。

　　「越是熟悉的人就越可怕。」這個說法可不是空穴來風。明明越是親密、越是相愛，就更應該互相照顧、彼此珍惜，有時候卻也會給對方留下最深重的傷害。

　　相信每個人都有過這樣的經驗，雖然總是告誡自己要小心翼翼，一不留神又會像失控的火車頭般，疾馳過後猛然停下。「啊，我不該這樣說的……」即使感到後悔，很多時候卻已無法挽回。儘管發誓

不再出口傷害對方，但我們很快又會忘記，繼續重蹈覆轍。

　　既然爭吵在所難免，那至少試著別將矛頭對準要害，給對方致命一擊吧。畢竟深愛的人要是因為自己而受傷，到頭來就跟自己受傷沒有兩樣。

漫長一日的盡頭

從早上睜開眼睛，到夜晚入睡為止，總有些日子要好好忍耐才能過完。

撐起沉重的眼皮展開的一天，在苦熬結束後回到家，膝蓋一陣癱軟，還沒來得及脫鞋就在玄關處倒下……明明不是提著刀槍上戰場，但在行經暗黑的小巷，好不容易到家時，還是湧上了一股「今天我也活下來了」的感覺，眼淚於是奪眶而出……

大家都在日復一日地苦撐著，然後是一個月、一年……突然有點好奇，歲月就是這樣交織、堆疊而成的嗎？

連思考下一天的空檔都沒有，只能精疲力竭地入睡。一邊想著：「是啊，難免會有這種很難熬的日子。」一邊拚命鼓勵自己，盼望著不必再面對這樣的生活。但願你明天要面對的，不是需要苦苦硬撐的一天，而是能夠愉快活著的一天！

凝視
彼此的心

心兔呀，
我要給你
一個建議！

嗯，
你說說看～～

我都懂，但就是不想聽……

　　有時候，我們會不願意聽取那些為自己著想的建議。「我懂，我都懂，但我就是不想聽！」

　　再怎麼良善的意見，要是招致反感，最終也不會化為寶貴的建議，留存在對方的記憶裡。

　　相對地，若換成是自己要給人建議，有時我們也會在意對方的感受：「這樣說沒問題嗎？」「雖說是為了他好，但會不會引起沒有必要的誤解呢？」這些顧慮往往讓我們舉棋不定，不敢輕易說出自己的想法。

　　即使是有用的建議，無論提出的一方或接受的一方，自然而然都會變得十分謹慎。

　　而最重要的是，雙方都要好好消化建議的內容。唯有如此，才能讓彼此保持正面的情緒，展開友善的交流與溝通。

如果可以把心意列印出來

　　要傳達心意而不造成誤解，看似簡單，實際上卻十分困難。因為心意是看不見的，無法指著每個部分逐一說明，也不能用相機拍下來展示，更無法翻開內在把它取出。

　　即使想要完整傳達自己的心意，憑著有限的詞彙和字句，我們也無法隨心所欲，一不小心就可能引發誤會，徒增悲傷與痛苦。每當這種時候，總會開始想像著，要是有能夠原原本本列印出自己心意的印表機就好了；如果還能根據自身的情緒變換紙張的顏色、選擇適合的字體，那更是完美至極。如此一來，我們是不是就可以坦然且準確地表達，那些過去沒能完整傳遞的真實心意呢？

如果可以
列印就好了⋯⋯

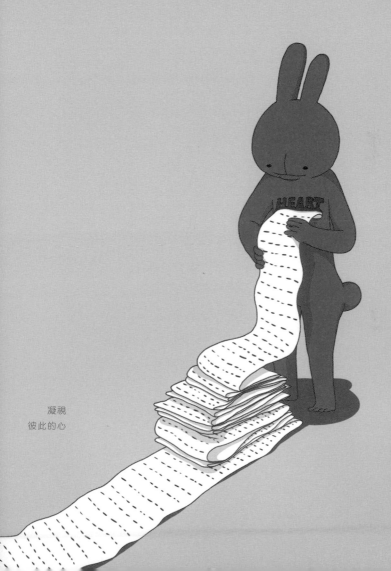

凝視
彼此的心

遭到背叛的心

在我們的周遭，常會聽到「養老鼠咬布袋」的故事。遭到背叛的一方，往往為了掌握狀況、收拾殘局、追究責任和流淚悔恨而疲於奔命；但背叛的那一方，卻只是「背叛完就拍拍屁股走人」了。

即使傷口癒合了，後遺症也會長久持續，甚至只要看到模樣近似的「老鼠」，傷口就會隱隱作痛。遭到深信不疑的人毫無預兆的背叛，讓我們即使面對毫不相干的人，也會引發巨大的信任危機。在這種情況下，若是獨自擁抱痛苦，很容易就會全然失去對人的信任。

如果覺得自己遭到背叛了，不妨抱住最信任的人好好哭一場吧。這不僅可以守護我們對人的信任，還能療癒遭到背叛的傷痛。如果沒有這麼做，遭到背叛所引發的憤怒或許就會轉變成悔恨，惡狠狠地朝著自己襲來。

承受背叛的傷害時，可以試著依靠自己最信任的
人。只要切實地感受到身邊有人依靠，就能緩解傷
痛所導致的不信任。

凝視
彼此的心

先聽兩句，再說一句

據說臉上之所以長了一張嘴巴，卻有兩隻耳朵，是為了讓我們少說話、多傾聽。

溝通的基礎是要遵守「對話之道」。在進行對話時，必須掌握好訴說與傾聽之間的平衡，如果沒有適當地調和這兩種要素，對話就會失衡，導致溝通產生困難。

有時候，我們也會遇到只顧著自說自話，輪到對方發言就把耳朵關上的人。如果是身邊的人出現這

你能不能
安靜下來
聽我說幾句？

……
什麼是「聽」？

種行徑，就更令人頭痛了。本應同理對方、撫慰彼
此的對話，結果卻只引發了厭煩的情緒，不就是因
為有一方完全不願傾聽對方的聲音，只是自顧自的
滔滔不絕嗎？

　　如果想說一句，不妨先聽對方說兩句吧，這樣的
對話方式，自然而然就會轉化為溝通。剛開始或許
會想多說幾句，而覺得嘴巴發癢，但只要讓對話持
續，我們就不會成為只長了嘴巴，不長耳朵的人。

凝視
彼此的心

勝過言語的沉默

沉默也是對話的一種方法。

「什麼都不說，也可以進行對話嗎？」

或許有人會抱持這樣的疑惑，但是仔細想想，比起喋喋不休，有份量的非語言表達——沉默，有時更能夠深入人心。

人在沉默時，表情、動作和眼神都訴說著言語難以形容的情緒，就算沒有言語上的交流，也可以稱之為一種「對話」。

但別忘了，沉默也分成好的沉默和不好的沉默。如果是用沉默來傳遞難以言喻的心意，那就是好的沉默。相反地，如果是為了拒絕對話或妨礙溝通，明明該說點什麼，卻執意默不作聲，那就是不好的沉默。

凝視
彼此的心

就是想要鬧脾氣

明明別人沒有對不起自己，也沒有遇上什麼倒楣事，但偶爾就是會莫名其妙地鬧脾氣。

面對連自己都無法理解的煩躁情緒，往往讓人不知所措，既不懂所為何來，也找不到排解的方法，只是無端用尖銳的言語刺向身邊的人，噘著嘴嘀嘀咕咕。

到了隔天，對於自己前一天的鬧脾氣可能會撓著頭懊惱不已，滿懷歉意又難為情，但還是希望對方這次一定要原諒自己──畢竟，就算知道做了會後悔，但誰都有莫名其妙鬧脾氣的時候，不是嗎？

嘀咕嘀咕，嘀咕嘀咕……

你沒有錯，只是不同

有句話說「人聚在一起就會變笨」，這是指我們在自行判斷前，可能會服從多數人的意見而做出不智的決定。只待在群體中的人，通常會認為「不同的想法」就是「錯誤的想法」，因而做出不正確的判斷，甚至也不會意識到這個判斷是不正確的。

就像這樣，許多人經常會把「不同」認定為「錯誤」。有時只是因為隸屬於某個群體，而被迫做出違反自己本意的決定；有時則是情勢使然，不得不勉強自己和群體站在同一邊。把所有的「不同」一律視為「錯誤」的人，為什麼不會意識到在某個人的眼中，自己的判斷也可能是「錯誤」呢？

在這個公認「大家走的路就是正解」的世界，一旦選擇了和別人不同的路，從這個瞬間開始就要背負沉重的壓力。即便如此，如果有人依然願意承受這份壓迫感，在多數人不看好的目光中貫徹自己的信念，著實值得給予熱切的鼓勵。

你絕對沒有錯。

有一天
突然……

心「咚」的一聲落地了

　　雖然覺得心很沉重，卻沒料到會重得整顆心都掉下來。雖然心也曾在受傷時裂成碎片，但這次竟然整個掉了出去，以致於身子都有點搖搖晃晃。我們不都有過這樣的經驗嗎？在一如既往的某天裡，無意間轉過身的瞬間，身體的正中央就這麼硬生生地開了一個洞。

　　沒有時間感到疼痛，腦袋也一片空白，無法思考應該如何是好。在如此晦暗、絕望的時刻，首先要好好檢視心受傷的程度與狀況。我們必須確認，這顆心是可以重新放回去的，還是得用其他的心來填滿。至於心是從何時開始變得沉重的，傷痕又是出現在哪些地方，等之後再來思考也不遲。

療癒心傷

心裡受了點小傷，相信只要塗點藥，過沒幾天就可以癒合。但如果是嚴重到讓自己都站不穩了的創傷，又該怎麼辦才好呢？畢竟也不能輕易就拋棄這顆掉落的心。

當心掉了一大塊下來，我們所能做的最佳急救措施就是——

首先，輕輕拾起掉落在地上的心，把它重新放回原本的位置。為了防止傷口惡化，每個縫隙都要仔細、均勻地塗上名為「愛自己」的軟膏。

接著，讓心的碎塊和自己的身體牢牢地黏合在一起。畢竟不是貼幾張OK繃就能輕鬆治癒的創傷，或許還得有縫個幾針的心理準備。

起初感受到的疼痛，或許需要咬著牙忍耐，但只要撐過那個瞬間，隨著時光推移，內心就會變得更加堅強。

雖然可能留下大片的傷疤，但相信那些傷疤能幫助我們正視過去的傷痛，進而獲得療癒。

凝視
彼此的心

每個人都有自己的秘密房間

我們都有不爲人知的故事，儘管事過境遷，卻沒能成爲過去，依然跟著我們如影隨形。那些只能向最親密的朋友訴說的心情、酒後在馬路邊大喊大叫的故事，或是一想到要說出口，就會心跳加速、渾身發軟的經歷……

每個人都有一個大門深鎖的房間，封印著屬於自己的秘密。如果你有了足夠的勇氣，即使面對深藏的傷痛也不畏懼，或許就能走向那個房間，打開門

還不敢面對的

那些時刻
那些人
那些話語……

跨進去。雖然不確定那會是什麼時候，但是在那之前，可以裝作不知情地走過也沒關係。

　　然而，若想培養走進秘密房間的勇氣，就必須鍛鍊堅強的內心，因為當我們能正視傷痛，才會找到「自己」這個人所丟失的那些碎片。

　　就讓我們先在心靈的走廊上徘徊，從窺視那個秘密房間開始做起，你覺得怎麼樣呢？

在坦誠中保有溫暖

　　人與人能夠坦誠對話的時間，究竟有多少呢？其實並沒有想像中的多。倘若是親密的關係，往往會擔心傷害到彼此；要是不太熟，又會因為不夠了解對方，很難敞開心扉對話。

　　當眼前有艱難的道路等待著，或是我們似乎就要做出錯誤的選擇，某個人傳達給自己的一份充滿關愛的坦誠建議，不僅讓人感到真摯而厚重，同時也送來了溫暖。想要溫暖地傳達坦誠的建議，除了必須有一顆為別人著想的心，也要懂得掌握說出口的

適當時機。

　　大部分的人都把坦誠視爲達成理想對話的條件，然而，沒有爲對方著想就脫口而出的話語，即使再怎麼坦誠，也很容易變質，甚至轉化爲利刃，反而讓友好的關係築起高牆，最終對雙方造成傷害。剛開啓對話時，我們或許都有一顆溫暖的心，但拙劣的坦誠往往變成寒冷的冰塊，只會攻擊對方。

　　若想透過坦誠的建議來達成圓滿的對話，不妨先觀察對方的內心，好好爲對方著想。

成為更好的自己以前

　　有的人就宛如溫室裡的花朵，因為沒有經歷過困難、逆境與痛苦，只要遇到一點小事，很容易一蹶不振。我們雖然不必像雜草一樣，在險惡的環境中成長，但苦難有時也會成為人生中重要的養分，我們當然也需要有戰勝苦難的力量。

　　即使挨了一拳倒下也無妨，只要把藥敷在傷口上等它癒合，就能重新振作站起來。過了一段時日，或許又會受傷，雖然我們都希望艱難的日子不要反覆上門，但或早或晚，痛苦的不幸總會不期而至。再次承受的傷害，會比先前來得輕鬆嗎？雖然有這個可能，但痛苦還是一如既往。不過，因為學會了重新站起來的方法，知道該如何緩解疼痛或適時躲開，就算面對會讓自己受傷的言語和處境，我們也能妥善因應，懂得守護自己的心。

　　原本柔弱的心，也會漸漸長出肌肉。隨著智慧的

萌芽、見識的增長，我們將擁有屬於自己的武器，
足以克服今後降臨的困難，而這些也終將成為我們
守護自己的力量。

我不會忘記
那些讓我變得堅強
的話語

chapter 3

試問心是否安好

微小而堅韌

　　健康、家庭、夢想⋯⋯這些是我們在細數人生中最珍貴的事物時，往往會算進十根手指頭以內的東西。想擁有幸福的生活，這些缺一不可，但這一切都不是外在所賦予，而是從我們自己身上拓展開來的。首先，必須不斷地審視自我，如果有受了傷裂開的部分，就得好好縫補、修整，縱使處理的手法還很笨拙和稚嫩，也要持續去做。

　　只要讓自己更加堅韌，幸福就會以變得強大的自己為種子萌生新芽，並在轉瞬間伸展富有彈性的枝幹，長出柔軟的葉子，不久之後還會綻放美麗的花朵，結成飽滿的果實。幸福一旦發芽，就能自行生成養分、成長茁壯。第一次發芽往往最為困難，而首要之務就是確實栽下堅韌的種子，讓它成為一切幸福的開端。

到一個
能夠療癒
一週份創傷的地方

只為自己保留的時間

　　一天中的夜晚，一週內的週末……每個人都需要
稍事休息的時間。在一天或一週之間，無論有沒有
受挫，攀爬陡峭的「平日之山」時所背負的傷，還
有積累的疲勞與沉重的壓力，唯有回到專屬於自己
的「私房營地」，才能獲得充分的療癒。如果少了
這段過程，就再次爬上「平日」這座山，或許才剛
踏出第一步，雙腿就會瑟瑟發抖。

　　休息和娛樂是完全不同的。無論是到景色優美的
地方遊賞、觀看表演或電影，有時候光是想想就先
覺得疲累，而不是開心。此時何不試著這麼做呢？

　　關掉房間裡的燈光和機器（尤其是關掉手機），
不制定任何計畫，就這麼放鬆地躺在床上。接下來
呢？只要注視著天花板，慢慢地眨眼、靜靜地躺著
就好。或許沒過多久，睡意便會襲來，就這麼沉沉
睡去也無妨。

想要療癒日常中所受的傷，就需要一段平靜的休息時間。唯有如此，我們才有機會好好地看看自己的模樣。

讓心自由自在地呼吸

即使想要直率地表達情緒與想法，總還是有些時候，想哭也得忍住、想笑也要憋著。我們很容易表達快樂時的情緒，卻習慣去壓抑悲傷時的情緒。

這種情況一旦反覆發生，連內心都會開始覺得錯亂。在遭逢令人悲傷的狀況時，明明應該要流淚哭泣、撫慰內心，我們卻往往忽略自己的情緒，跳過這段體貼、善待自己的過程。結果到了真正想哭的時候，可能就哭不出來了，或是雖然流得出眼淚，內心深處真實的淚水卻無法宣洩，因為我們已經遺忘了用心哭泣的方法。

要想起如何發自內心哭泣，就必須加以練習，但這並不容易。因為不習慣表達情緒，一直以來都極力壓抑，所以會猶豫是否真有必要特別表達出來，率直地表達情緒也變得越來越難。

讓心自由自在地呼吸吧！無論悲傷或痛苦時，都

放聲哭出來吧！想哭就哭、想笑就笑，何不從現在開始努力，做到這件理所當然的事呢？

永遠站在你這邊

　　據說，只要不管在任何時刻，都有一個人願意站在自己這邊，那就代表你的人生成功了。

　　說到「願意站在自己這邊的人」，首先想到的是家人，接下來就是朋友吧。脫離了家庭，以及在校園圍牆內度過的學生時代，步入社會自立後，「願意站在自己這邊的人」就更顯得重要了。在這個社會上，比起溫暖的安慰與肯定，更常得到的是冷酷的評價和指責。在不小心犯錯的日子，我們可能陷

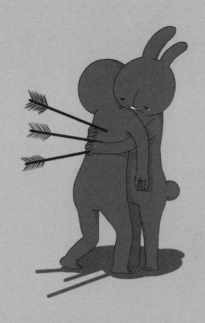

入困境而無能為力，此時更是迫切需要站在自己這邊的盟友。

　　不會笨拙地給予安慰，而是靜靜地遞上一杯咖啡的人；在追究過錯並開始訓誡之前，先把我們扶起來的人；為了讓強忍淚水的我們盡情哭泣，把肩膀借給我們的人……如果有這樣的人在身邊，想必會很讓人安心。你周遭有沒有這樣的人呢？還有，你對某個人來說，是否也是如此可靠的存在呢？

信任是最熱情的奧援

　　光是想到有人願意相信自己，內心就覺得踏實、也很感激。雖然有時也會懷疑，明明連我們都不相信自己，別人怎麼會願意相信呢？但很快地，我們還是會滿心喜悅，甚至笑臉盈盈，原本看似不可能的事，覺得好像能輕易完成，燃起的勇氣也讓蜷縮著的肩膀，在「加油！」的吶喊聲中舒展開來。

　　「相信」這個詞彙，在真心交流的關係中，更能引發深切的共鳴，蘊含著宛如煉金術般，足以將破爛石頭變成黃金的力量。

　　對於願意相信自己的人所懷有的感謝、對於被賦予的這份信任所抱持的責任感，以及意識到自己有足夠的價值獲得他人信任而產生的自我肯定感……實際上，適切的壓力往往會轉化為責任感，為內心賦予勇氣與力量。所以，對他人無條件的信任，就是最熱情的奧援與支持。

痛苦清理中

幻視是在經歷極端痛苦後可能引發的知覺障礙之一,是一種會看見幻象的狀況。常見的症狀是會看見蟲子、人或實際不存在的事物,也可能覺得好像有髒東西不斷從身體溢出,怎麼擦也擦不乾淨。雖然已事過境遷,但因此殘留的痛苦陰影仍未消失,讓人為長久持續的後遺症而飽受折磨。

就如同這世上的一切都有盡頭,我們面臨的問題和不願經歷的磨難也終將結束,但即使結束了,也很難立刻回到從前的自己。

當我們在清理身邊引發的混亂、照顧滿目瘡痍的自己時,偶爾也會產生幻視。此時,要用乾淨的毛巾擦拭內心的每個角落,仔細清理、好好洗滌,溫柔地撫慰心靈。隨著時間流逝,我們終將發現那個變得乾淨的自己。

最想聽到的話

「我會在你身邊。」

這句話雖然簡短，卻是一份強而有力的安慰。

我們有各式各樣的說詞可以拿來安慰人──「加油！」「沒事的。」「一定會好起來的。」「那是對方的錯。」儘管如此，由於無法詳細了解他人的處境，我們也難以全然同理對方的心情，所以這些安慰的話語多半都會變得空泛、使不上力。

此時，不妨說聲「我會在你身邊」吧，這會為正

站在懸崖邊搖搖欲墜的對方，帶來無比的慰藉。

　　即使沒有特意透過言語表達，只要默默陪在對方身邊，也能分擔痛苦的情緒。我們可以藉由表情、眼神和肢體動作等，來傳達難以言喻的情感。

　　如果看到身邊有人正在消沉受苦，卻不知道該說些什麼，不妨就說聲「我會在你身邊」，然後靜靜地坐在一旁，與對方分享共處的時間與空間。因為這簡單明瞭的六個字，蘊含著極大的力量。

用線繩連結的緣分

　　人與人之間，連接著無數的線繩。有的線繩已經褪色乾枯，遭到了遺棄；有的線繩拉得太緊，看似隨時都會扯斷；還有的線繩閃閃發亮，優遊自在地彼此連結。

　　顏色、長度、彈力，甚至是觸感，每條線繩都各有差異，同時把他人與我們連接在一起，或許是一瞬間，也可能是一輩子。

　　緣分的線繩不是由自己投向他人，或由他人丟給
自己就能連接起來，唯有彼此都牢牢抓住相連的線
繩，才能開啓和維繫這段緣分。

　　除了自己要抓緊線繩，偶爾也要確認對方有沒有
抓緊，並且時時留意線繩是否有了損傷。然後更要
記得，唯有不斷地觀察、注視著彼此，緣分的線繩
才能長久而堅韌地連結、延續下去。

「叩叩叩」，敲門的聲音

　　有時候，我們會渴望觸碰某個人的內心，這所謂的「某個人」或許是別人，也可能是自己。

　　「那個人的內心正處於什麼狀態呢？」

　　「自己的內心究竟是什麼模樣？」

　　出於這樣的好奇，我們有了想要觸碰「內心」的渴望。如果有直達內心的超高速電梯，能讓我們從現在的位置一口氣移動到那裡，那該有多好……

　　偶爾，我們可能會迅速抵達內心深處，但這不是常有的事。一步一步，無休無止，鍥而不捨！這就是通往內心的方法。

　　無需焦躁、也不用急忙奔跑，只要環顧內心，一點一滴地深入探索，終究會迎來「啊！原來就是這裡」的瞬間。

　　今天，何不就當成被騙了，試著去找一扇通往內心的門呢？不需要知道那扇門是什麼模樣，只要靜

靜地坐著，在腦海中描繪打開門的景象。找到第一扇門打開後，就一邊想像著第二扇門，再一邊尋找下一扇門。

就像這樣，慢慢地開門走出去，直到抵達最後一扇門，然後打開門為止。讓我們一步一步，無休無止，鍥而不捨地朝內心走去。

離別時能做的事

離別的後遺症是如此強烈，剛開始就像被威猛的颱風襲捲般，整顆心支離破碎，非得要過些時日，才有力氣收拾四處散落的心靈碎片。

把因爲離別而被撕裂的心一片片縫合起來，站在鏡子前注視著自己，或許會呈現出和以前截然不同的模樣。身上四處可見還沒癒合的傷口，即使治癒了，痛苦的疤痕也會原封不動地殘留下來。

我們已經回不到最初那個純淨的自己了，但是離別縱然痛苦，也會成爲邂逅全新自我的契機。經歷離別時，我們所能做的事，就只是等待時間流逝，一邊照顧傷口讓它癒合，一邊祈禱粉紅色的疤痕能夠淡去。我們不必再多做什麼，因爲也無法再多做什麼了。

原諒是為了保護自己

「你知道我有多不爽嗎？他怎麼能這樣對我！」

在柔和氣氛中平靜進行的對話，面對「差不多該原諒他了吧？」這小心翼翼的提議，對方一股腦兒把鬱悶發洩了出來。因為內心仍然充滿委屈，所以無法原諒，傷口劃得越深，想要報仇的心情也越發高漲。

一旦想著要如何報復對方，便會耗費許多心神和時間，無法回到以自己為中心的生活，而是把舉起矛頭刺向自己的對方當成目標，繞著對方打轉，陷入非比尋常的狀態……

如果執意要復仇，痛苦只會持續，這豈不是更讓人懊惱呢？為了擺脫痛苦而選擇復仇，或許反而會讓自己一步步深陷泥沼，更難脫身。

要對別人說「你就原諒他吧！」的確十分困難，尤其是對那些嚷嚷著「與其原諒，不如同歸於盡」

的人，這樣的勸說簡直比火上澆油還要危險。

然而，如果傷害別人的一方完全沒有要改變的跡象，受傷的一方若想生存下去，最後的方法就是原諒——不是因為理解了傷害自己的人而原諒，而是為了讓受傷的自己好好活下去所做的選擇。

即使選擇了原諒，這個世界也不會改變。傷口不會消失，對方也不會突然悔改，但是我們的心會改變。無盡燃燒的怒火會逐漸消退，勒緊腳腕的那道「憤恨」的枷鎖也會順利解開。「原諒」，終究是我們能為自己所做的，最明智、最平和的選擇。

試問心
是否安好

跟內心的自己說說話

明明我們對別人溫暖又細膩，爲何唯獨對自己卻這麼嚴厲呢？稍微一怠惰，我們就會訓斥自己怎麼變得如此懶散；只是小小的失誤，也會深切自責。

有時候我們會想逃走，就這麼蜷縮著躲起來，但仔細想想，就算擺脫一切只剩自己了，終究也平復不了內心。我們或是自責、或是沮喪，別說是照顧了，我們反而會嚴厲地把自己逼入絕境，立下半調子的誓言和決心。

如果疲憊到只想獨處，不妨先去找找自己，和被關在內心哭泣的自己說說話。如果內心的自己因爲寒冷而顫抖，就爲它蓋上厚厚的被子；要是自己氣憤地吼叫或抱怨，就靜心傾聽到最後。我們要找到在內心裡孤軍奮戰的自己，並且給予溫暖的呵護。至於自責、決心或發誓之類的事，等到以後再來面對也不遲。

試問心
是否安好

依靠他人也沒關係

　　明明遍體鱗傷，嘴裡卻說著沒關係，總是擔心對方更勝過自己……

　　看到這樣的人，往往會既心疼又生氣。

　　「你明明就可以哭泣……明明就可以喊苦……為什麼要一直忍耐呢？」

　　遭逢痛苦時，有人會鑽進別人的胸口，率直地流下眼淚；也有人會笑眯眯地說這點痛苦不算什麼，要對方別在意，反而只顧著為他人著想。

　　就像前者一樣，還是把眼淚和鼻涕都哭出來比較好；若是後者，反而會散發出兩、三倍的痛苦，連給予安慰的人也跟著動搖。看著他們竭力忍耐的模樣，只會讓人加倍煎熬。

　　偶爾，我們也需要依靠身邊的人。如果擔心依靠會給對方添麻煩，只要下次在對方似乎很痛苦時，也陪在他身邊就行了。因為依靠過他人的人，也會扮演好成為他人支柱的角色。

因為你是最棒的

言語的力量是從何時發揮出來的呢？的確就是從說出口的瞬間開始。言語還有催眠的效果，當它反覆鑽進耳朵裡，預期也會轉變成確信。有很多書籍都在鼓吹，不要停留在思考的層次，只要堂堂正正地把理想和目標告訴身邊的人，有一天終將實現。

試想，我們如果每天都被稱讚：「你真好看，你真棒！」起初可能不是覺得開心，反而會有些疑惑和尷尬，暗想著：「你是在逗我嗎？還是我看起來很可笑？」甚至產生不悅的情緒。然而，如果對方不顧這些，還是堅持反覆地說著：「你真好看，你真棒！」漸漸地，我們也會開始重新審視自我，尋找自己好看的地方和做得很棒的事情。

只要這樣一步步尋找自身的優點，就會不斷發現自己好的那一面，進而願意相信那些讚美的言語。而讚美也會立刻化為現實，讓我們變成抬頭挺胸、

充滿自信、散發正能量的人。

　　可能性也是如此。所謂的可能性，指的是「可能實現的機率」，不過是一種預期。而想要把預期變成百分之百實現的確信，心態與能力固然很重要，來自周遭的信任與鼓勵也十分關鍵。

　　能清楚看見我們背上那對翅膀的人所給予的鼓勵話語，往往會讓「飛得起來嗎？」的疑問，轉化為「一定會飛起來！」的信念。

試問心
是否安好

用行動來表達心意

對於飢餓的人來說，只要吃上一頓飯就會重振活力，唯有填飽肚子，內心才會跟著平靜。所以，想把力量分享給飢餓的人，只要從自己的碗裡舀一勺飯，放進對方的碗裡就好。因為在那勺飯裡，就包含了所有我們想說的話語，當溫熱的米飯進入對方的身體、通往內心，最終就會轉化為力量。

與其只是仰賴言語和情感來分享心意，何不試著用行動來表達呢？對於看似寂寞的朋友，不要只是鼓勵地說：「你不要覺得寂寞。」而是實際陪在他身邊；也不要只是擔心地說：「天冷了，要穿暖和一點。」而是摘下自己戴的一隻手套遞給對方，用這樣的行動來表現。

要表達心意，其實比想像中容易。

溫暖的擁抱更有力量

有許多方法都能傳達溫暖的心意。我們可以寫在信紙上，可以遞上一杯熱茶，可以牽起彼此的手，除此之外，也可以默默地擁抱對方。

我們可能不太習慣擁抱他人，即使知道比起一百則建議，一個溫暖的擁抱反而更有力量，卻總是難以輕易地轉化為行動。

然而，對於正在承受痛苦的人，沒有其他方法會比溫柔的擁抱，更能傳送溫暖的心意。擁抱能夠傳遞言語無法表達的心靈溫度。

如果身邊的人正在經歷一段艱難的時期，不妨用行動取代言語來給予安慰吧。

無論是家人、朋友，或是自己珍愛的人，一定要好好擁抱對方。

相信自己，
一點一點地前進

　　我們生活在激烈又殘酷的社會，想在這個環境生存下來也需要勇氣，然而，這並不代表一定要面對現實奮戰到底，我們沒有理由把生活當成戰場。

　　不過，在遭遇困難時，我們還是要鼓起勇氣。儘管這股勇氣或許還不夠成熟，只是碰到一顆小石頭都會受傷，但還是繼續鼓起勇氣吧！哪怕有房屋一般大的巨岩擋在前頭，總有一天也能向前邁進。

　　始終在這條路上默默推進，堅信自己能到達內心熱切渴望的目的地，這個事實才是最重要的。一點一滴累積起來的那份對自己的信任，絕不會輕易碎裂或鏽蝕。

　　只要不失去對自己的信任，像現在這樣持續地前進就行了。

chapter 4

獻給受傷的心

心裡長了刺

　　小小的刺貫穿胸口長了出來。當我們覺得胸口發癢之際，才發現心裡長出了尖銳的刺。

　　正如身邊的人所說，我們總是爲別人著想、個性善解人意，幾乎不會爲了一點小事就生氣。當鋒利的箭矢朝著自己射過來，比起躲開，我們先冒出的是應該挨上這一箭的責任感。因爲只要自己默不吭聲，事情就能圓滿解決，我們也相信，忍耐對自己而言是最好的選擇。

　　然而……看著如今長出來的刺，又覺得似乎並非如此。因爲心裡實在難受，我們才發現這些刺長得越密集，所承受的自我折磨也越多。

　　只會對我們發脾氣的人、只會依賴我們的人……這些人並不會體諒我們的感受，更何況我們也要求自己的內心要努力忍耐、堅持下去。

　　如今我們終於意識到了，該說是萬幸嗎，還是發

現得太晚了呢？總之，還是先把這些小小的刺拔出來吧！即使無法全部清除，還是要一根、一根拔出來，好好療癒自己的內心。如果害怕拔出尖刺時的痛苦，於是就放任不管，最後那些刺只會和我們的肉黏在一起，造成更大的痛苦。

　　此刻你的心是不是也長了一根根的尖刺呢？不要假裝沒看見，讓我們仔細檢視吧！

失戀後遺留的情感碎片

　　猶如內心正一點、一點消失般的傷痛，還有彷彿身體正一塊、一塊散開來的苦楚。

　　「我會不會就這樣消失呢⋯⋯？」

　　愛情走到盡頭的瞬間，「自己」這個人也正在逐漸消失的感受，朝著我們猛然襲來，身體與心靈都無比疼痛。是不是因為我們早已承受著撕心裂肺般的痛苦，才會跟那個人分開呢？

　　離別往往伴隨著能夠一舉摧毀「自己」這個存在的強烈痛苦。至於痛苦的程度，不是取決於我們曾經有多愛對方，而是那顆愛過對方的心所受的傷，感覺到的不安，偶爾爆發的憤怒，甚至是時常湧現的悲傷——這一切的情緒加總起來有多強，就會有多痛。

　　在這個時刻，我們什麼也做不了。唯一能做的，就是凝視著崩壞的自己⋯⋯

很難受吧，
不過一定
會好起來的……

再過一段時間就好

　　分開以後，內心滿是傷痕，收拾好散落的碎片重新拼湊，缺失的部分，就找到類似的東西把它縫補起來。現在就穿上這件新衣服，休息一下吧！新衣服比想像中好看，尺寸也更合身，雖然穿起來還不太適應，但隨著時間推移，總會有習慣的一天。

　　好不容易把內心的碎片拼湊好，重新站起來，我們搖身一變，成爲了不同於以往的自己，只是大概還稱不上成熟的大人。「時間會化解一切的。」這句話我們已經聽了幾百遍，但就照大家所說的，完全把自己交給時間又何妨呢。

　　有人可能覺得這不過是老生常談，但會成爲老生常談，應該也有它的道理。或許，正是因爲有許多人相信時間的力量，隨著時間流逝而治癒了傷痛。好好安慰自己，跟自己說「時間是良藥」吧，只希望這段日子不會太久。

擁抱自己到最後一刻

　　看著自己布滿傷痕的內心，就會發現比起別人射過來的箭矢，更多的是自己親手插上的利箭。原來我們內心的敵人就是自己，實在令人意外。即使沒有直接施加傷害，對內心的傷口視若無睹、沒有任何作為，也等於是在傷害自己。

　　創傷的生命力遠比想像中頑強，非但不會輕易消失，也不會單獨存在，就像雜草一樣，不管再怎麼清除，也會很快又生長出來。

　　要消除內心的傷痛實屬不易，並不是只要說著：「原來傷口在這裡啊，我幫你拍一拍、揉一揉，就不會有事了。」便可以治癒，而是需要忍耐、毅力和強烈的自愛。清除掉的傷口如果又長了出來，就必須再清除；治癒的傷口旁邊若出現了新的傷口，也要一起清除，給予溫暖的撫慰。到了第二天，再繼續觀察傷勢、繼續清除傷口，並且給予撫慰……

即使厭煩也不能放棄，必須持之以恆地堅持下去。

　唯有自己感到幸福，才能夠期許身邊的人也獲得幸福，幸福是逐漸蔓延開來的。而成為幸福起點的「自己」，是世上最珍貴的存在，所以我們應該悉心照顧自己，擁抱自己到最後一刻。

心裡住著的那個孩子

　　據說在大人的心中，都住著受傷的孩子。有些孩子的傷痕已經縮小、淡去，進而成長茁壯；有些孩子至今依然膽顫心驚，不敢踏出外界一步。相信很多人的內心都有這樣一個孩子，但對於這個存在，也有很多人可能並未察覺，或者明明知道，卻遲疑著不敢擁抱他，只是在周圍反覆徘徊。

　　還有哪個時期會跟童年一樣，對創傷和痛苦毫無防備呢？試想一下，我們身邊會有多少人擁有「和睦的家庭生活」？家庭不見得都是由愛組成的共同體，也會一起承受傷痛，所以有時候家庭的存在，反而會對孩子造成傷害，而無力抗拒的孩子，也必然會受傷。

　　隨著時間流逝，應該成為大人的孩子沒能成長茁壯，創傷就這樣原封不動殘留在了心裡，雖然身體長大了，內在卻還有一個長不大的孩子。我們可能

不願再去面對兒時的創傷，總覺得現在才去擁抱傷痛，也不會有什麼改變。

　　即使擁抱不了心裡住著的那個孩子，成爲大人的你，何不鼓起勇氣，從牽起對方的手開始做起呢？如今，那個孩子大概也不會懷抱太多期望，只需要我們伸出手便已足夠。

獻給
受傷的心

你好，然後再見了

　　有天，我收到了一則簡短的訊息，內容雖不長，但似乎是花了很久時間寫的，描述了常見的戀愛與分手故事。充斥著「……」的訊息，讓人猜到了戀愛的結局有多麼殘酷，原本以為是最後一段的戀情結束了，她的內心支離破碎，血跡斑斑。

　　「我哭到癱倒在地上，才終於沉沉睡去。」讀著這樣的訊息，我畫了一張圖傳過去，希望對方能安撫自己的內心，把它裝進一個箱子裡，用鑰匙牢牢鎖住，然後再補上一句：「把心裝在一個誰都無法進入，只要進去了就出不來的箱子裡好好照看著，就會沒事的。」

　　有時候，隨著時間流逝讓內心靜一靜，或許就是最好的選擇。

只要面對面就能明白……

獻給
受傷的心

照照內心的鏡子

　　早上起床以後，睡眼惺忪地站在鏡子前，可以看到腫脹的臉、蓬鬆的亂髮和糊在眼睛上的眼屎。左邊的頭髮翹了起來，右邊臉頰上還殘留著壓住枕頭的痕跡。

　　只要看著鏡子，我們就能整理散亂的頭髮，畫出左右對稱的眉毛，還能做好儀容裝扮；但如果不看鏡子，我們就無法仔細確認自己的模樣。我們的內心也是如此。有一面鏡子能窺視自己的內心，但因為我們不常注視它，這面鏡子上往往布滿了灰塵。

　　或許有人覺得，光是應付生活就要使盡全力了，哪還有餘裕去擦拭內心的鏡子呢？但這不過是怯懦的藉口罷了。面對內心的鏡子，就跟用鏡子看自己的臉一樣，只需要一點零碎的時間。在通勤的公車或捷運上，洗澡時、入睡前，喝杯咖啡、悠閒散步的時候，隨時都能掏出內心的鏡子。

有時候，如果不看看鏡子，我們就不會明白內心為何慌亂起伏，也不知道要怎麼調整心態。就如同外表一樣，內心也需要保持整潔，所以就從現在開始吧──

　　掏出積滿灰塵的那面內心的鏡子，輕輕地拂去塵埃，接著仔細檢視，或許就會發現自己未曾察覺的傷口，還有在被某個人傷害以後，蜷縮起來的那個孩子的身影。

現在也不會太遲

有時候我們會漠視自己的內心，有時候卻又過度敏感。對其他人的內心也是如此，我們偶爾會察覺不到親近的人所承受的痛苦。或許是確信自己明白一切，而沒能及時留神；也可能是忙著應付其他那些自己無法理解的人，才會不經意地疏忽了。

當我們發現對方的痛苦超乎尋常，起初往往會大感驚訝，頓時心生愧疚；有時候也會因為似乎錯過了安慰的時機，於是束手無策，只能不知所措地注視著對方。

「你之前都沒關心過我！」

聽到這句話時，瞬間湧上的罪惡感難以言喻。

然而，在對方的哭喊聲中，仍隱藏著微弱的求救訊號，那不正是在訴說著——「我還是不太好，所以就算現在才開始也行，希望你能安慰我」嗎？

差不多該停手了

　　我們要是犯了一點小錯，最先站出來指責的往往是自己。這實在很不可思議，最初的反應竟然不是安慰或鼓勵，而是先責怪自己、對自己發火。

　　當事情出了差錯，沒有按照預期的方向發展，我們往往會攻擊自己；因為這是自己的問題，所以也不能訴苦喊痛。我們攻擊自己、大吼大叫，然後再攻擊自己，如此反覆循環，我們也漸漸疲憊不堪。

　　我們最容易犯的錯誤——自虐，因為有著不會外顯的特性，所以更加危險。然而，我們並非不知道危險而自虐，很多時候明明頭腦清楚，卻依然會不知不覺對自己豎起爪子。

　　對於世界的失望、憤怒、沮喪和迷茫……想要防止過多情緒集結起來，因而突然爆發，就要反覆對自己說：「沒事的，放心。」

　　你是不是覺得這聽起來無聊透頂，簡單到難以置

信，甚至懷疑能有什麼效果呢？

　　但是，不妨回想一下，我們有多常對自己說「沒事的」呢？恐怕幾乎不會。雖然不能保證這麼做就會停止自虐，不過原本三次的傷害，或許就能減少到兩次，再從兩次減少到一次。

情感不是單一的

　　嫉妒的情感似乎只充斥著膚淺的憎惡，但如果我們仔細檢視，就會發現在嫉妒之中，往往混雜著各式各樣的情感。

　　從冷淡的關係中產生的怨恨、埋怨自己為何做不到的自責、見不得別人好的眼紅，還有自己也想成功的期待，以及由其衍生的羨慕……我們重新體認到，這種情感並非僅止於對他人的憎恨或厭惡，還混雜了許多對於自身的情感。

　　如果再進一步觀察，就會發現嫉妒的核心其實是「羨慕」這種情感。

　　「如果我也能變成那樣就好了……」

　　因為實現夢想、獲致成功的人不是自己，而是其他人，所以各種情感交織、混雜，從而產生了嫉妒之心。

160　即使沒有寬宏的度量獻上祝福，但在與嫉妒交織

的眾多情感中，且讓我們只留下羨慕，將其他的情感都抹去吧。而留下的羨慕將會轉化為刺激，變成生活的原動力。

躲藏在那裡的自己……
還有你……

最黑暗、最深沉的所在

　　因為內心位在很深的地方，很難斷定是從何處起始、又在何處結束，簡直就像宇宙一樣。雖然就在自己之中，卻如同宇宙般無法得知全貌，那個地方就是我們的內心。其中有溫暖的太陽映射的地方，也有冷冽的月亮照耀的所在，還有光線完全無法觸及的幽暗之處。

　　我們有時也會驚訝地發現，有一個未曾見過的自己正屏住呼吸生活著的空間。那個自己可能也曾生活在太陽映射的明亮之地，但因為被工作追逐、在社會中打滾，在意外界的眼光、為其他人著想、忙著照顧家庭，不知不覺就被擠到了角落。到頭來我們甚至認為，審視內心是活得寬裕的人才有權享受的奢侈。

　　於是在某個時刻，我們忽然有了這樣的想法：

　　「我好累，快要撐不下去了。」

直到這時，我們才會提起一盞小燈，出發去尋找自己的內心。走到一個光線無法抵達、被深沉幽暗的漆黑包圍的小房間，從那裡走下無止盡的階梯，我們終於遇見了自己……

　　在那個非要下定決心尋找才能到達的地方，當我們總算發現真實的自己，往往會感到喜悅與安心。這看似是因為我們擁抱了自己的內心，實際上是蜷縮的真實內心擁抱了自己所產生的情感。

　　別再迷失自我了，讓我們面對那個蜷縮的自己，緊緊握著他的手，慢慢爬上充滿亮光的地方。

獻給
受傷的心

即便是舊傷

　　無論經歷過多少次都習慣不了的事物，那就是痛苦。儘管如此，有時候我們依然會陷入一種錯覺，以爲多次受到類似的傷害，就會產生免疫力，讓我們不覺得痛；甚至傷口要是沒有以前大，就根本感受不到痛苦。

　　那麼，事實眞是如此嗎？當然不是了。

　　試想一下，倘若過去經歷的悲傷與痛楚還要重來個兩三次，我們應該會搖頭抗拒，覺得自己絕對忍受不了吧？即便是過去背負的舊傷，只要還沒癒合或傷痕尚未淡去，都有可能再次裂開。因此，在內心徹底痊癒之前，把傷口覆蓋好也很重要。

献給
受傷的心

傾聽內心的訊號

　　內心這東西是不是很有魅力呢？很多時候，雖然內心並非肉眼可見，卻還是可以任意地操控我們；即使它就在身體的正中央，也幾乎不會表露在外。而且，內心有時會聒噪得讓人無法成眠，有時又安靜到若不停下手邊的工作專注傾聽，就什麼也聽不見。除此之外，內心會撒嬌尋求關愛，有時卻也無比冷淡。

　　內心並非肉眼可見，我們無法解讀它的表情；內心也不會說話，縱使我們側耳傾聽，也聽不到任何

有時很痛苦，
有時又會好轉；
有時很快樂，
有時又突然悲傷；
有時心情很好，
有時又陷入悔恨……
我……是不是很奇怪？

你的內心有話
想對你說喔。

聲音。所以我們需要對它傾注更多的愛，才不會在
遭遇變故時，錯過內心發出的訊號。

　　如果情緒沒來由地劇烈起伏，或是對同一件事的
想法反覆不定，不妨認真想一想──

　　「我的內心是不是正在試圖跟我對話呢？」

　　請靜靜面對自己的內心，剛開始或許有些困難，
但內心的聲音，終究只有自己可以理解。只要多嘗
試幾次，聽懂內心聲音的時刻終會到來。

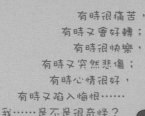

獻給
受傷的心

169

不想讓任何人發現

想要消失不見

停下來一會兒吧

「不要只顧著逃跑，要努力對抗它，戰勝自己撐下去……」

只要稍微停下來休息或後退幾步，周遭的人們往往就會大驚小怪，彷彿我們是要放棄整個人生。這個社會總是提倡著要積極進取、勇往直前，應該有很多人都認爲這是成功的必要條件；而屢屢強調必須不斷成長的教育環境，也發揮了一定的作用。如今，似乎連休息也被認定成是爲了實現目標所必經的過程。

隨時停下來也無妨，偶爾摔個跤也沒關係。人是隨著心境變化的生物，當身體疲憊時，休息一下便能恢復，萬一生病了，只要接受治療就好，但內心就不是那麼容易治癒了。所以，我們不能一直把心逼入絕境。

積極地筆直朝著夢想走去，並沒有什麼不好，但

要是從不休息、一路狂奔，總有一天會累垮。所以在內心失衡之前，我們必須先給予照顧、呵護。

或許有人會覺得，不需要特別照料，內心也能堅持下去。但是誰知道呢？相較於內心在勉強熬過去之後順利恢復的機率，內心在硬撐的這段期間變得殘破而難以挽救的機率，應該要來得更高吧？

千萬不要忘記，我們的內心很容易受到冷漠與失衡的影響。如果至今都走得十分艱辛，或是朝著目的地一路挺進，哪怕只是短暫的片刻也好，就停下來一會兒吧！

如果因此覺得不安，就先躲到某個地方，讓內心好好放鬆。只要像這樣暫時脫離現實後再回歸，心情想必就會輕盈許多。

chapter 5

雖然不能隨心所欲

你的春天

　　春天到了，看著四處飛舞的蝴蝶，我們首先會驚訝於那單薄、渺小的存在所擁有的美麗，接著又會對他們能盡情地在空中翱翔，而心生羨慕。

　　你是否想過要變成蝴蝶呢？渴望揮舞著華麗的翅膀，變得更自由、也更幸福。

　　現在的你，是不是也在等待著羽化的那一天，希望長出專屬於自己，色彩與花紋獨一無二的翅膀，在空中翩翩起舞？

　　如果等待的時間過久，「我成為蝴蝶的那一天真

會到來嗎？」這樣的不安也可能湧上心頭，此時不妨甩甩頭，拋開這種消極的想法。不安只會引發焦慮，而我們該做的，是以平靜的心態來等待。或許翅膀就要從肩頭上長出來了，只要撐過這段時期，就會迎來羽化爲蝴蝶的瞬間。

　　能抬頭挺胸地說出自己已經竭盡所能的人，以及抱持懇切渴望努力著的人，改變的時刻很快就會降臨，忍耐與等待的日子終將在某天畫上句點。一定可以的！

177

因為，
我們已經是大人了

　　我們長成大人了，到了可以偶爾拿「歲月」一詞出來說嘴的年紀。總覺得還來不及思考、感受成為大人的資格，只有身體先急著發育了。

　　雖然只是外表長大了，但大人畢竟是大人，我們必須具備大人般的樣貌，運用大人般的語氣，做出大人般的行為，抱持大人般的想法，做大人應該做的事……有時要好好維繫關係中那看不見的線繩，有時又要果決地斷絕關係。當然，自己犯下的過錯要由自己承擔，即使有時候想癱坐在地上哭泣，把

責任推卸給其他人，也不再被允許，因為，我們已
經是大人了。

　　偶爾，我們也會擔憂內心有沒有跟著身體成長。
雖然我們的個頭變大了，心裡卻還保留著孩子的模
樣，總覺得自己彷彿被困在大人的身體裡一樣。

　　大人的生活也有快樂的時刻，只是沒有小孩來得
多，我們終究會習慣，對煩心事堆積如山的星期一
淡然以對。儘管如此，我們還是得好好安撫想要賴
的內心，維持從容自在的表情，並且扮演好被賦予
的角色。因為，我們已經是大人了。

雖然
不能
隨心所欲

戒掉「如果」這種酒

　　要是有「如果酒」這種酒，想必會超級暢銷吧。這種酒有數不清的下酒菜可以搭配，其中最受歡迎的莫過於「老調重彈」。嘴裡一邊反覆叨念著以前說過的話，一邊喝下一杯、兩杯……就這樣把「如果酒」喝個精光。

　　據說這種酒有著奇妙的風味，只要嚐過一口就會深陷其中。所以有人開玩笑地說，「如果酒」這種東西，要不就是一滴都不沾，要不就是喝得暈頭轉向，只有這兩種選擇。除此之外，「如果酒」的種類也是五花八門。

　　「如果我當時再努力一點……」

　　「如果我當時沒有做出那種選擇……」

　　「如果我當時就認識這個人……」

　　「如果我當時那麼做……」

　　其實很多人都沉迷於「如果酒」而無法自拔，淪

爲它的俘虜而瘋狂暢飲，因此吐露悔恨的人更是多不勝數。但即使吐露悔恨，內心也不見輕鬆，只是讓胸口更加鬱悶、作噁。「如果酒」伴隨著嚴重的後遺症，感到痛苦的不只是頭腦，還有內心⋯⋯恐怕只有下定決心戒掉「如果酒」，才能擺脫這樣的惡性循環。

雖然
不能
隨心所欲

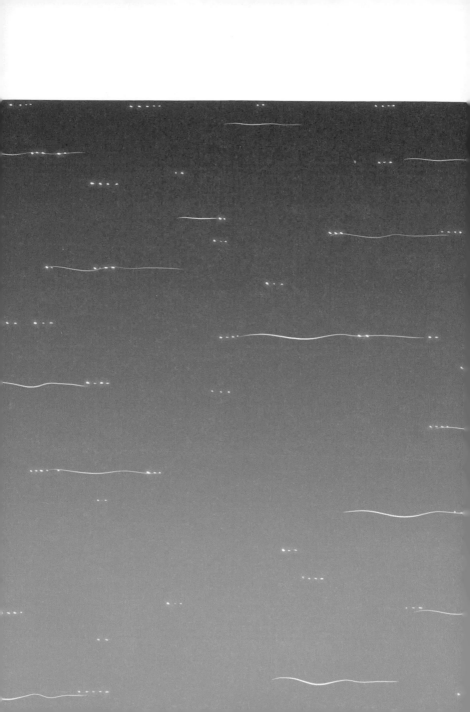

朝著正確的方向走

平常就算沒有路標也可以昂首闊步走下去的路，有時候也會突然讓我們陷入混亂。即使在出發時誇下豪語說自己不會迷失，偶爾還是會在莫名其妙的地方停頓卡關。

若是按照他人的指示前進，或許不用太過擔心，但既然是決定要自己找出路來，煩惱與抉擇的痛苦往往也等著我們。即使想問這條路對不對，但因為不知道該從哪裡開始解決，所以也無法求助。

這種時候，不妨先冷靜下來，仔細地環顧周遭，看看自己身在何方、路標又指向何處。接著檢視自己的模樣，也可以趁機把鞋帶綁緊一點，然後再向周遭的人求助就好。

與其為了看不清的前方而獨自苦惱，只能看著自己的雙腳原地踏步，何不試著相信身邊的人呢？如果對方是會肯定、鼓勵自己的人，那就更理想了。

不要對求助於他人感到害羞或彆扭，這是讓我們不會迷路，能夠朝既定目標前進的重要原則。

成長有自己的進度

聽到許久不見的朋友通過考試、或是同事升遷的消息，往往讓人心生羨慕，總覺得好像除了自己以外，身邊的人們只要下定決心去做，很快就會達成目標。我們沒來由地感到空虛與焦慮，似乎不管再怎麼努力，都不見好轉的跡象。

雖然我們的理智知道，每個人想必都有跟自己一樣辛苦掙扎的時光，我們卻往往聽不進這種老生常談，也無法打從心底接受這個事實。

但所謂的成長，並不是在某個時期突然伸展，又在某個時期停滯下來，所以即使滿心鬱悶，明天份的成長也不會提前在今天降臨。比起成長的速度，自己正在成長的事實更為重要。

我們或許會為了周遭人們的成功訊息感到焦慮，但這時不妨在心中默唸這句咒語：

「我正在慢慢地，一點一點地，確實地成長⋯⋯我正在慢慢地，一點一點地，確實地成長！」

我也
像你們一樣
在成長呢

啾啾──

雖然
不能
隨心所欲

雖然
不能
隨心所欲

去「心田」收成的日子

　　今天是提著大籃子去「心田」裡收成的日子。明明是自己的田地，卻長滿了各種雜物，我們只是種下自己的心，卻在無意間長出了不知其名的東西，以及必須丟棄的東西。有好多的心，密密麻麻填滿了我們的田地。

　　要在這當中好好地只挑出自己的心，實在很不容易，如果還天真地以為一眼就能辨認出來，大概很快就會舉手投降。裡面既有著可以和自己的心一起放進籃子裡的東西，也混雜著不能放進來的東西。

　那些想要忘記、渴望抹去而拋向遠方的內心種子，
在不知不覺中已生長得引人注目。

　　我們決定找個平坦的地方，悠閒地坐下，仔細挑
選出不屬於自己內心的事物。辛酸的、受傷的、痛
苦的事……挑掉腐朽的東西後，總算只留下自己想
要的那顆心。把費心挑出的一切灑在心田裡，讓它
們化為肥料，只要心情愉悅地帶著變重的籃子回來
就好。隨著一次又一次收成自己的心，我們就會一
點一滴地成長。

雖然
不能
隨心所欲

憧憬與滿足

　　我們可能會期待這裡以外的某個地方有著天堂，或是莫名憧憬著有比這裡更好的地方。雖然知道無論置身何處都會遭遇困難，但我們懷抱的痛苦和生活的艱辛，並不會就此消失。

　　在陷入這種煩惱的日子，暫時從遠處觀察一下別人的人生，或許也不壞。只要靜靜地注視，疑問就會忽然湧現。

　　「那裡真的比較好嗎？」

　　「如果到那裡去，我就會比較自在嗎？」

　　「煩惱會一口氣解決掉嗎？」

　　「我會活得更輕鬆嗎？」

　　答案應該呼之欲出了，其實那裡和這裡也沒什麼兩樣。就像其他人不會對我們的人生了解得鉅細靡遺，我們也無從得知他人生活中的所有微小細節，因為在面對他人時，我們自然會把黑暗、負面的部

分隱藏起來，只展現出光鮮、優勢的一面。所以我們才會像這樣，憧憬著彼此的人生。

如果覺得別人的人生比自己的人生更美好，其他地方比自己待著的地方更理想，與其勉強否定這樣的想法，不如充分感受一下這份羨慕的心情。等到有點厭倦了，再試著想起，自己也可能是某人「憧憬、羨慕」的對象吧。

演一場「角色互換」的戲碼

　　站在對方的立場思考，是理解他人的最佳方法之一，然而，換位思考並不像嘴上說的那麼容易。在需要從對方視角考量的狀況中，彼此之間往往會產生激烈的衝突或摩擦。

　　眼看著對方完全讓人不解的言行，我們會覺得：「這個人到底是怎麼了？」但與其抱持這種疑問，不如先試著想想：「這個人會不會是經歷了什麼呢……」上演一場「角色互換」的戲碼。

　　站在對方的立場檢視現有的狀況，就算不能全盤理解，應該也會對其中一部分產生共鳴。我們不必理解對方的一切，因為這幾乎不可能做到，能夠給予認同、共感的事實才是最重要的。

　　只要這麼做，自己的言行也會一點一點地發生變化，「這個人怎麼會如此過分？」的想法，就會轉化成「確實有可能會這樣！」的心情。

雖然設身處地思考無法完全解決問題，但一定能讓我們更平心靜氣地面對問題。眞正可以解決問題的管道，不是毫無意義的謾罵，而是要從理解和認同做起。

好好把人生填滿

　　明明是自己的心，有時卻像是其他人的心一樣，讓人摸不著頭緒。在這樣的日子，會搞不懂自己是為何而活，為什麼非得忍受這種鳥事……在這樣的日子，也會忘了自己何時會雀躍地心動——不對，是連最近有沒有心動過都不知道……

　　熬過忙碌的一天，到了夜晚，有種空虛的感受不知為何，正深深啃噬著胸口。雖然我們認為自己沒事，又好像並非如此，或是因為沒來由的寂寞而鬱悶、消沉。

　　每當此時，我們就會覺得自己必須去尋找潛藏在心底的某種事物，而在尋思片刻後，腦中浮現的往往是「夢想」或「熱情」之類的詞彙。雖然現在想想有些難為情，但只要回憶起自己的夢想與熱情，內心便會激盪不已。

　　那些在內心裡突然浮現的事物，或許能化為活過

一天的原動力。不想再讓日子顯得毫無意義，只要重新找回在某天忽然消逝的，或是一直以來錯過的夢想與熱情就好。接下來我們要努力的，就是別再鬆手放開，這些好不容易尋回的夢想與熱情。

chapter 6

心裡長了刺的日子

就算沒有用言語表達

　　尖銳的性格、圓滑的性格、有稜有角的性格……
這世上有各式各樣的人，還有遠比這些更為豐富、
多采的性格。

　　即使是同一個人，也會時而作風大膽，時而小心
翼翼，甚至讓人覺得以往的那副模樣，簡直就像是
假裝的。有活潑的日子，也有靦腆的日子，各種性
格匯集在一起，填滿成了「自己」這個人。

　　因為性格的形態並非肉眼可見，我們往往自以為
隱藏得很好，不會被別人發現。但是，哪裡有完美
隱藏性格的人呢？只要交談幾分鐘，很快就能知道
一個人的性格，不僅可以從口氣、語調、行為和使
用的詞彙來推測，也會從眼神或表情漸漸顯現。

　　即使我們認為，自己把那些不想被發現的面貌隱
藏得很完美，但身邊的人或許早就掌握了我們的性
格，還採取了對應的相處模式。

隱藏不了的表情

「即使討厭也要假裝喜歡，就算喜歡也要懂得收斂！」

這是關於表情管理的建議。「即使討厭也要假裝喜歡。」──這是社會生活常見的悲哀之處，相信人人都能有所共鳴；「就算喜歡也要懂得收斂。」──這句話也讓人不由得啞然失笑。

人與人之間若能準確地傳達心意，那該有多好？這樣一來，我們就無需再對彼此揣測猜想，也不用為了那些奇怪的誤會而飽受煎熬。

在對話的時候，我們必然會觀察對方的反應，尤其只要仔細端詳對方的表情，大概就能了解對方的心情。

即使不會讀心術，也沒有學過心理學，一看到對方的表情，也能輕易感受到對方的心情。特別是負面的情緒，無論再怎麼隱藏表情，還是會原原本本

地流露出來。語言可以包裝得閃閃發亮，也很容易布滿謊話，但要勉強修飾表情，卻是十分困難。明明嘴巴在笑，眼睛卻瞪得發直；明明眼睛在笑，嘴邊的肌肉卻顯得僵硬……

　　雖然是自己的臉，卻不能隨心所欲地控制它，大家都有過這樣的時候吧？

時而堅強，時而脆弱

　　我們明明沒辦法時刻保持堅強，這個世界卻總是強迫我們要勇敢地承受所有考驗。大家都說，想要保護自己，就必須變得強大；不想被別人輕視，就得拚命努力；想過更好的生活，就應該在競爭中勝出……於是，我們便漸漸武裝起了自己。

　　或許是因為這樣，我們也開始覺得，只要有一顆堅強的心，除了可以守護寶貴的生活，還能實現任何想要達成的目標。

　　然而，千萬不要忘記，在堅強的心裡，還共存著一顆柔弱的心。雖然被隱藏了起來，但這顆柔弱的心有時也會流著淚求助。可能有人會斥責我們的心太過軟弱，而一旦被數落過幾次以後，我們就會漸漸想要變得強大──不是為了攻擊誰，而是為了保護自己。

　　為內心披上堅硬的外皮，纏繞一層又一層銳利的

尖刺，雖然悶得喘不過氣，我們還是會說服自己，這至少比受傷或痛苦來得好，繼續在心裡築起防護網。

雖然無法斷定是好是壞，但爲了守護自己的心，有時候就是需要厚厚的盔甲。不過，至少在自己心愛的人和重要的人面前，還是脫掉盔甲吧！就算平時得待在盔甲裡憋氣，在心愛的人面前，也要脫掉盔甲好好深呼吸。唯有偶爾讓內心放鬆一下，在需要穿上堅硬的盔甲時，也才能夠承受這樣的重量。

知道自己的能耐

　　所謂的「能耐」，可以說是「符合自己身分的限度」。你可曾思考過自己的能耐呢？別人的能耐我們都看得很清楚，但自己的能耐，可能壓根兒都沒有想過。「能耐」一詞似乎總是給人消極的印象，其實可以和「自我」置換運用。了解自己的能耐，就等於了解自己，這不只限於物質方面，還包含了精神領域。

　　只要好好了解自己，就能發現最適合自己的生存之道——會從什麼樣的關係中得到安全感，要過著美好生活的條件爲何，人生中最想守護的價值是什麼……

　　別只是含糊妄想著獲得幸福，而是要確認自己的能耐。若想要了解自己，就好好探視、觀察內心的每一個角落吧。

要知道自己的能耐

心裡
長了刺的
日子

是毒藥還是良方

「咀嚼、啃咬、品嚐、享受！」[1]

每次聽到這首廣告歌曲，總覺得很符合在背後說人閒話的定義。我們有時可能會三三兩兩地聚集，將別人的事加油添醋，甚至講得忘了時間。當然，我們都清楚這樣是不對的。

然而，有時只要聊聊天，心情就會跟著好轉，內心生的病無法靠打針吃藥來治療，而一邊聊天一邊宣洩壓力，確實是療癒心病的良方之一。不過還是要切記，對於沒有做錯事的人，不可以刻意找碴、在背地裡惡言中傷。

就像毒藥只要善用也能成為良方，「在背後說人壞話」這帖毒藥如果用得恰當，有時也會防堵內心的那把火肆意蔓延。只是，務必要遵守絕不濫用、誤用的原則。

214

註 1 韓國知名牙周病預防藥物採用的廣告歌曲。韓文的「咀嚼」、「啃咬」和英文的 backbite 一樣，都用於形容在背後說人壞話。

同理心是一種教養

　　偶爾看見有些人做出荒腔走板的行爲，我們會不由自主地皺起眉頭，甚至驚訝地覺得：「這個人實在太沒教養了。」我們也會想像，要是在市場或大型超市有販售「教養」這種東西，那該有多好，只要多囤一點貨，就能在需要時服用，也可以分給需要的人。

　　有時我們也會想著，如果可以用數字確認教養的程度，那會有多方便。教養雖然並非肉眼可見，卻能藉由內心來探察，因爲教養與同理心有著一脈相通的部分。只要回頭檢視我們有多爲對方著想，就能判斷自己對於人與人之間的關係具備多少教養。

　　當然，最重要的是，我們不能只顧著嚴密指責其他人缺乏教養的行爲，也要仔細回頭檢視自己的所作所爲。

偏見生誤解

　　有時候，我們會遇到這樣的人 —— 不願客觀地看待其他人原本的樣貌，只憑著自己的標準和原則妄加評斷。這種狀況光是想想，就很讓人厭煩。

　　平時戴著眼鏡的人，偶爾也會不小心戴著眼鏡洗臉。雖然旁人看來很荒謬，當事人卻沒有自覺，因為他們已經習慣了戴著眼鏡的狀態。沒有意識到自己內心戴著有色眼鏡的人，不也是這樣嗎？因為已經習慣戴著有色眼鏡來看待某個對象，所以毫未察覺自己的視角和思維有多麼偏頗。

　　用這種方式看世界，絕對無法發現真實的一面。所以，我們必須先擺脫偏見，才能看清對方或現狀的原本樣貌。

心裡
長了刺的
日子

啊……
好悶啊……

看不見的牆內

　　有時候，我們會遇到一種變成了「牆壁」的人，也就是根本無法對話、溝通的人，而且不知道那堵牆到底是用什麼做的，竟然還堅不可摧。雖然想盡量避開這種人，但是怎麼可能每次都盡如己意呢？總會有不得不和他們對話的場合，偶爾還得一起共事；有時會以一次性的關係作結，有時則要維持長久的往來。

　　在這種時候，不妨想想：「這個人為什麼會變成牆壁？起初應該是臉上長著嘴巴、耳朵和眼睛吧，怎麼現在就完全不能溝通了呢？」接下來，再試著思考一下，那堵又高又厚的牆裡究竟有些什麼。在腦海中想像那些看不見的地方，除了有助於進一步了解對方，也能安撫自己內心的挫敗情緒。

就這樣
盡是嘆息……

小心翼翼的提問

倒滿一杯咖啡，眺望著開闊的景色，靜靜地吸一口氣，再吐了出來。

飯吃得很開心，工作十分順利，也沒有發生什麼足以讓世界崩塌的重大變故。明明就是如此平凡的一天，心裡卻沒來由地悶得發慌。

雖然沐浴在溫暖的陽光中放鬆休息，深沉的陰鬱卻占據了內心的角落。明明是想擺脫這份苦悶情緒的……結果，咖啡一口都還沒喝就涼了，煩擾的感受也沒有消失，依然遺留在心裡。

好想問問自己的內心——

「為什麼要緊閉著嘴巴呢？」

「發生了什麼不愉快的事嗎？」

「該怎麼做才能讓心情變好？」

好想要這麼問，直到內心回答為止。

不好的時候
會說的話，
是「我很好」

我很好，我不好

「好快樂、好興奮、好有趣……」

這些是我們隨時想說，就能說出口
的話語。

「好疲憊、好痛苦、好難過……」

這些則是我們難以啓齒的話語。

雖然大家都說，痛苦只要和他人分享就會減半，
但有許多人都擔心會造成他人的困擾，認為獨自承
擔比較輕鬆自在。這一方面是不想給人添麻煩，一
方面也是覺得，這不是其他人能解決的事。

真的嗎？

　　無論再怎麼掩飾痛苦的心情，身邊的人們都能夠輕易察覺，只是即使心知肚明，也往往會裝作不知情。畢竟，與其責怪對方為什麼不吐露煩惱，不如考慮到對方或許是有難言之隱，並且靜心等待。

　　然而，每個人總有需要求助的時候，所以我們還是要問問身邊的人：「你真的還好嗎？」「不太好的話，需不需要我幫忙呢？」試問對方的內心是否安好，是最確實有效的方法，可以讓我們好好照顧身邊的人。

chapter 7

關於無法成眠的心

頭頂上的那團烏雲

不知何時會來襲的「不安」，就像是不會痛快地下場涼爽的雨，只會盤旋在我們頭頂上，接著又突然打起雷來的陰雨雲。如同黑壓壓的烏雲般，原本以為要降下暴雨，卻又戛然而止，再抬頭一看，烏雲仍然動也不動地停留在原地。面對變幻無常的天氣，真讓人坐立難安、心神不寧。

如果能下場傾盆大雨就好了，只要一口氣把雨通通下完，或許烏雲就會消散，晴朗的藍天也會隨之出現。

雖然想要「呼～呼～」地吹口氣，把不安驅送到遠方，但我們終究做不到，只能靜靜地注視它。總覺得無可奈何的不安正籠罩著內心，而致使那團不安逐漸膨脹的，或許就是焦慮的情緒。相信只要妥善處理焦慮的情緒，我們也能漸漸縮小漂浮在頭頂上的，那團不安的烏雲。

又哭又笑，
又笑又哭……

情緒的雲霄飛車

有些日子，內心會像在搭雲霄飛車一樣，反覆地上下起伏，這時我們會問自己：

「我是不是得了躁鬱症呢？」

情緒會忽上忽下、起伏不定，或許是理所當然的事，畢竟情緒是活生生存在的東西。

我們的內心流淌著寬闊而深邃的河流，有的地方水位遠遠超過人的身高，豎立著「禁止下水」的看板；有的地方水流平靜而穩定；有的地方則是水流湍急，只要失去重心就會被沖走。所以，內心的情緒自然會不斷地起伏變化。

然而，如果情緒的起伏過於激烈，振盪的幅度已經大到讓人擔心的地步，就要仔細地觀察內心是不是有了什麼問題。

不要往後拖延，現在就立刻問問自己吧！

「我到底是出了什麼狀況呢？」

變化劇烈到難以承受的情緒，或許正是在告知我
們某處有了問題的警訊。

關於
無法成眠
的心

窺視自己的內心才發現，
那裡滿是密密麻麻的自己

在內心聚集成群的自己

你是否有過內心沒被任何事物占據，空空如也的時候呢？你是否有過就像春季大掃除般，把內心整理乾淨的時候呢？

我們的內心往往會亂成一團，就像塞滿了各種雜物的包包，因為裝了太多東西，所以一片混亂。在格外心神不寧的日子，要是打開內心的門扉，會發現裡頭有密密麻麻的東西蠕動著，定睛一看……哎呀，這不全都是「自己」嗎？雖然偶爾會有陌生人來占位，但內心終究還是充滿了自己的身影。

散落在各處的自己的身影……尤其在思緒混亂之地，更是聚集了好多的自己。把這裡清乾淨了，那裡又增加了；把那裡整理好了，這裡又聚集了……明明是自己的內心，卻無法隨心所欲地整頓清理。

然而，我們不能就這樣只執著於一處不肯罷休，還為此痛苦萬分，反而應該要分散注意力，把心思

放在別處。無論是和朋友見面、開始培養興趣，或是把該做的事趕快做好，不妨試試各種方法，把聚集成群的自己分散開來吧！

　　只要讓密集的思緒獲得舒展，原本窒塞的內心就會吹進涼爽的風，感覺無比舒暢。

這也做不到，
那也做不到……

說不出口的真心話

「我真的好累，好希望有人能幫幫我。」

朋友訴說著現在的工作做得很痛苦，與他面對面坐著，聽到這些消沉的喪氣話，總會忍不住想說聲「我來幫你吧」。

雖然比誰都更清楚對方走投無路的心情，但真要伸出援手時，我們還是會有所遲疑。

「我也是活得很辛苦啊……」

「我也想要有人來幫我……」

在自顧不暇的狀況下，實在無法爽快地承諾對方願意幫忙。然而，我們也不能假裝事不關己，只有默默地為朋友斟滿酒杯，以聊表心意。乾了一杯又一杯，把抱怨當成下酒菜，與他共度這段時光。

在這樣的日子，找不到其他方法能安慰朋友的現實，讓人備感淒涼；在這樣的日子，這也做不到、那也做不到的自己，顯得格外沒用又可悲。

沒什麼好猶豫

明明只要把該說的話都說出來，不要忍氣吞聲，就不會積存什麼壓力了……

無法將想說的話一吐為快時，怒氣常會像森林野火般猛烈燃燒。雖然有很多時候不該這麼做，但也有不少狀況是因為我們優先考慮到別人的心情，而把自己往後擺，於是選擇閉上嘴巴。因為不想破壞別人的興致，所以覺得只要自己忍耐一下，就能保持風平浪靜……出於各種理由，我們往往會把想說的話吞進肚子裡。

隨著時間推移，終於再也忍受不了，決心要開口說出，卻不知道該從何說起，於是又選擇沉默，這種情況也是司空見慣。再過一段時間，或許連表達心情的方法都會忘得一乾二淨。

內心正在不斷向我們控訴，我們只要實現它的請求就行了。然而，如果頭腦經常搶在內心之前把嘴

巴先堵上，內心就會漸漸對表達感到猶豫。因為內心明白，無論再怎麼放聲吶喊，都不會造成任何改變，這個事實終將使內心支離破碎。

　　因此，從現在起就試著坦誠相告吧！不要只是在意別人的感受或臉色，請坦然地表達出來，率直地說出自己的心聲。比起擔憂和顧慮別人的心情，我們更應該優先感知、照顧自己真實的內心。

當擔心越來越膨脹

　　「擔心」的繁殖能力很強，哪怕只有一點時間，它也能將其當成養分，轉眼間長得無比巨大。假設有長了一分鐘的擔心和長了一小時的擔心，只要比較兩者的大小，相信就會一目了然。當擔心越來越膨脹，往往會造成壓迫，讓我們陷入被活活壓碎的危機。

　　我們可能都有過這樣的經驗──因為擔憂占滿了心思，根本察覺不到其他情緒。而最耐人尋味的事實是，我們「擔心的事」往往是過去或未來的事，而不是當下正在進行的事。無論是什麼事，與其只是一直提心吊膽，不如想想能有什麼解決方案。

　　擔心的情緒或許無法隨心所欲地縮減，但只要在這樣的念頭浮現時便逐一消除，也是一種方法。何不在手邊準備一條名為「希望」的濕抹布，隨時抹去我們的擔心呢？

244

嗚……
好擔心……
真的超擔心。
怎麼辦，該怎麼辦啊？
擔心得快不行了……
要怎麼做才好……

關於
無法成眠
的心

希望這是最好的選擇

當我們爲了思考複雜的問題而坐在安靜的地方，腦中便立刻響起「轟隆轟隆」、「噼哩啪啦」等嘈雜的噪音。因爲實在太惱人了，頭痛得簡直像要裂開一樣，這時最好放下煩惱，暫時休息一會兒。

把涼掉的咖啡熱好之後，重新坐回原位，但只要一想起煩惱，腦中又開始騷動、吵雜，實在很難集中心力。越是棘手的問題，噪音就越大，而噪音的根源就是腦中的煩惱與擔心，所以無論我們再怎麼努力，噪音都不會消滅。

遇到這種狀況時，盡可能把問題縮小，或許才是當下可行的最佳對策。

好像打從一開始
就不存在⋯⋯

想要消失的日子

　　就連現在坐著的椅子，也有被製造出來的理由，自己卻沒有什麼值得一提的意義，彷彿是連椅子都不如的存在……這樣的感覺瞬間湧現。

　　從手機、杯子到筆，各種事物都有存在的道理，我們卻不知道自己為何存在於這裡……這樣的想法悄悄浮上了心頭。

　　身邊的人都是互相攜手、彼此依靠著活下去，好像只有自己孤零零地站在這裡，覺得寂寞無比……

　　有些日子裡，我們會像這樣把自己漸漸抹去，即使「自己」這個存在慢慢變得透明，就這麼消失不見，或許也沒有人會察覺。即使想用絕對擦不掉的黑筆，重新為自己描上粗粗的邊，也會很快就覺得毫無意義，最後置之不理。

　　當內心疲憊不堪，對自己彆扭地說著「乾脆消失算了」的時候，不硬逼著自己努力也沒關係。因為

「自己」這個存在，永遠都不會消失。只是，我們也不能無視內心發出的訊號，還是要好好地接納，並加以理解。

　　曾經瞬間消失，又悄悄返回的內心……往往會比消失前的模樣更加鮮明。

別把心逼到了角落

你和別人平時有多少對話呢？

最近，透過社群媒體跟素未謀面的陌生人聊天，已經成了家常便飯。那麼，你和自己又有多少對話呢？今天跟自己打招呼了嗎？有好好關照自己的心情了嗎？

當他人心痛時，我們會給予關心，探問他們怎麼了，還會遞上安慰的話語；但是當自己難過時，卻往往選擇冷眼旁觀。別說是在內心受傷時馬上為自己塗藥了，連在睡前安慰自己的片刻，都不願意付出。有時也只會說些敷衍的安慰話，像是「這種程度沒關係啦，嗯……以後再想就好了」等等，急著把自己的內心推開，假裝視而不見。

而現在的我們，是不是也把心逼到了角落呢？

我們會難以面對內心，其實是因為尷尬與害羞。由於不常關照內心的狀態，一旦要面對時，往往會

好久不見，
我們聊一聊吧

不知所措，猶豫著該說些什麼，甚至覺得就像在跟陌生人對話。

此時我們需要的，是一間暗房。讓我們能單獨和自己的內心面對面，一間四方都被圍起來，安靜又溫暖的暗房。

抓著自己不放的
那個東西

是盟友，還是敵人？

　　那個從背後推著我們起飛的人，以及那個試圖把我們拖到地上的人。

　　諷刺的是，這兩個人都是我們自己。最讓自己感到不安的人，還有用歪理詭辯合理化自己的行為，讓我們對新嘗試裹足不前的人，也正是自己。

　　現在的自己，是用力從背後推我們一把、拉著我們的手，鼓勵我們向前邁開步伐的盟友嗎？還是抓住我們的腳踝，不讓我們前進的敵人呢？當然是盟友比較理想了。

　　如果現在的自己正抓著我們的腳踝不放，還在地上拖拉著，就把他扶起來，然後果斷地從背後推他一把、拉著他的手，給他鼓勵吧！這個「自己」，將成為你在這世上比任何人都還要可靠的夥伴。

關於
無法成眠
的心

戴著面具的臉

　　在人際交往中，我們鮮少會完全顯露出真實的面貌。雖然坦誠相待也很重要，但有時也可能反而傷害到對方，所以我們往往會戴上一層面具。

　　之所以戴上面具，並非打從一開始就懷抱敵意，而是基於在跟想法不同的人對話時，不願傷害到對方的體貼與溫柔。為了避免尷尬的局面，所以選擇把真實的內心隱藏起來。

　　明明只是拿面具暫時代替自己的臉，面具卻在不知不覺中黏在臉上，摘不下來了。原先只是因為比起以真面目示人，戴上面具能減輕一些內心負擔，所以才一直戴著，沒想到會演變成這樣。

　　面具在無意間成了臉的一部分，既摘不下來，也不能就這樣永遠戴著。倘若能摘下面具，大概也不會再重新戴上了吧。試著相信自己，坦然以真面目示人也無妨。

關於
無法成眠
的心

終結心靈冰河期

消沉的原因是什麼呢？

要是能確切知道原因就好了，這樣在消沉時，就不必為了自己需要什麼而百般苦惱，馬上就會找到擺脫的方法，讓日常生活回到正軌……

瞬間襲來的空虛，可以用物質填補，只要吃些美味的食物，看部有趣的電影，盡情地大玩一場，空虛很快就會蒸發、消散。

相對地，有時我們也會迎來「心靈冰河期」，對任何事都提不起勁，漸漸找不出活著的意義，連情感也慢慢凍結。而想要終結心靈冰河期，最有效的方法就是找回熱情。

倘若已經耗盡了所有情感，陷入消沉狀態，要重新凝聚熱情，或許是近乎不可能的事；即便如此，熱情還是我們一定要找回來的心靈能量。

擁抱消沉的感受，儘管哭出來也無妨。我們不必

一口氣克服它，只需要緩緩起身，邁開步伐往前走就好。只要像這樣，慢慢把消沉驅趕出去，熱情就會從縫隙之間，重新駐足在我們的內心。

打開心扉的鑰匙

心靈經常被比喻成「門」。我們不是都會說「打開心門」或「緊閉心扉」嗎？就跟門一樣，心不僅可以開啟與關閉，也可以牢牢鎖上。

為了與他人心靈相通，彼此都要打開心扉，只要一方沒有打開，風就吹不進去。有時我們關上了心扉，對方的心扉卻是敞開的；相反地，有時我們敞開了心扉，對方的心扉卻是關上的。這時著實會令人不知所措，但更讓人為難的，是對方的心大門深鎖的狀況。

在這種時候，得先把鑰匙找出來。小把的鑰匙、大把的鑰匙、造型各異的鑰匙……倘若能在眾多鑰匙中迅速找到契合的那一把就好了，但或許還是要

一把、一把地輪番嘗試才能找到。

　　即使遲遲開不了那扇門，也不必心灰意冷，因
為我們試圖打開門所付出的努力，對方都透過門
縫看在眼裡，這或許就會賦予對方自己
打開門走出來的力量。所以，只要為
了打開門而用心盡力，這樣就足
夠了。相信只要再等一會兒，
那道門就會從內側為我們
開啟。

關於
無法成眠
的心

chapter 8

為了心所做的準備

需要有人
從背後推一把的
那段猶豫不決的時間

START

為了心
所做的
準備

站在起跑線上的你

想要達成某個目的，付諸實踐往往是最重要的。雖然在計畫與準備上花了很多時間，等到真的站上起跑線，卻又躊躇不前。明明已經萬事俱足，卻始終提不起勇氣；明明早就過了出發時間，卻遲遲踏不出第一步。

在人生中，有時我們雖然勤奮地做好了準備，卻終究沒能衝出起跑線，錯過了出發的時機。然而，那說不定就是大大改變自己人生方向的關鍵瞬間。所以在這種時候，必須有個願意從背後用力推自己一把的存在——當然，要選在適當的時機。

「你一定能做好的，快點出發吧！」朋友們打氣的話語，雖然也會帶來鼓勵，但從背後推上一把，讓我們往前邁進的行動，有時會變成更大的助力。

……好了！

START

為了心
所做的
準備

啊……

加油吧～！！！

START

結束與開始

　　站在盼望許久的，這個結束與開始的所在，就這麼直直注視著接下來應該前往的地方。期待與不安同時湧上了心頭，新長出的翅膀能把我們平安地帶到那麼遠嗎？

　　現在的我們，只要相信這雙翅膀，張開它們奮力揮動就行了，這樣一定可以順利到達那個自己引頸期盼的地方。

　　雖然期待這段旅程一路平順，還是有可能遇上強風，或是撞到鳥群落入海裡。但別擔心，即使落入海裡，翅膀也不會就此消失，只要重新飛上天空，朝著目的地默默地繼續飛行就好。

　　到達新天地之前的這段嚴峻過程，即使忘了也無妨。只要把開始的那個瞬間當作燈塔，然後就專注地看著前方奮力飛翔吧。

為了心
所做的
準備

一座座的單人島

我們每個人都在各自的「島」上生活，島與島或許會在某處緊密地相連，但是一座島上不會有好幾個人聚集著一起生活。

每個人的島打從一開始就設定好了，幾乎都是單人島。

然而，每一座島都用細長的繩索連接著，所以即使各自分離，也能在保持一定距離的狀態下聚集起來。彼此以繩索相連的安全感，使我們得以克服各自在島上一個人生活的孤獨感。

有連接起彼此的繩索，才會促成人與人之間的緣分。有時親密地友好，有時又相互碰撞，也正因如此，我們才會真切地感受到，自己並非孤身一人。

在對方的內心裡旅行

只是與人見個面、打聲招呼，這樣的邂逅稀鬆平常——職場同事、鄰居、同學、工作上認識的合作夥伴，還有透過各式各樣的緣分遇見的人們⋯⋯

然而，令人難忘的寶貴邂逅卻不多見。所謂寶貴的邂逅，也是在一個人的內心世界旅行的過程，是不可思議又美好無比的體驗。

想獲得這樣的體驗，進行一場「人心之旅」，就得先支付通行費——「展露自己的內心」。一開始至少就要付出這樣的費用，關係才會萌芽、成長。然而，不是每一場「人心之旅」都很快樂開心，或許也會歷經地獄般的痛苦時刻，或是以期待落空的結果收場。

多多展開這樣的「人心之旅」吧！不必特意拎著沉重的行李，搭上飛機前往多遠的地方，今天起就出發，走進身邊人們的內心，在裡頭開始旅行。

為了心
所做的
準備

相遇，
離別，
然後又再次相遇

緣分與緣分之間

「早知道會分開，那時不要遇見你就好了……」

「既然你要這樣離開我，打從一開始就不要靠近我啊……」

「如果沒有開始，就不會有結束了……」

迎來離別的瞬間，往往會有各式各樣的想法在腦中盤旋。我們既無法避免離別，也不能拒絕當初的邂逅，或許，習慣才是最好的選擇。

然而，就像傷口反覆癒合過了幾十次，我們還是無法習慣那種痛楚，每一次的相遇和離別，都會像初次經歷般，讓我們在快樂與痛苦之間來回擺盪。

一如往常，過去的痛苦終將被今日的喜悅覆蓋。人生或許就是由一連串的偶遇所構成，而離別，不就是每一場邂逅之間畫下的逗號嗎？

為了心
所做的
準備

為內心的暗影，
照進溫暖的光

　　用黃色的紙描繪的一幅畫。

　　左右耳長度不對稱的心兔，還有心兔的老朋友紅
蘿蔔。

　　二〇〇八年十月，我第一次遇見心兔，以「情感
便箋」為名，編織起了橫跨十幾年的故事。時至今
日，心兔依然很調皮，有時會耍任性，有時又有些
奇怪的堅持；有時很容易受傷，有時又會為一點小
事而感動。

　　在把心兔的日常面貌編整成書的同時，我試著思
考了一下，我們能共度如此漫長時光的原動力究竟
是什麼。單憑「我就是喜歡」一句話，是解釋不了
的。實際上，這都是因為「想跟某個人分享」的心
情──在難過的日子裡分享悲傷；在快樂的日子裡

分享喜悅；在生氣的日子裡分享憤怒和委屈，甚至是消沉時，都想要原原本本地傳達當下的感受。

　　希望有人傾聽，也期盼有人理解自己最眞實的心情……雖然起初是獨自一人，但不知從何時開始，除了心兔以外，其他人的心也交織在了一起。情感便箋裡包含了我自己，還有大家的故事，不知不覺也累積了七百多篇。今後我也會孜孜不倦、細水長流地把故事編織下去，以此做爲我的人生哲學。

　　描繪日常的插畫所帶來的力量，就是讓讀者不由得感嘆「我也是這樣！」的共鳴。心兔與可愛、帥氣、華麗的主角形象相去甚遠，只有著質樸平實的面貌。心兔是我，同時也代表著各位讀者——假裝沒有受傷，但還是期待有人先對自己伸出手來；雖

然很在意他人，對自己卻漫不經心；比起現在擁有的幸福，更羨慕位在遠方的幸福；覺得不幸會永無止盡而深感不安⋯⋯

那些隱藏在內心的暗影，透過心兔呈現在我們眼前，於是我們才發現，無論是你、我，抑或是在今天活下來的所有人，都與心兔有著相似的面貌。

希望你我能透過這些以黃色描繪的文字和圖畫，仔細回頭檢視自己明明知情，卻總是不願面對的那些悲傷、痛苦的內心景象，要是還能坐在柔軟的椅子上，品嚐著熱茶和美味的點心，那就更好了。但願每翻開一頁，都能溫柔地療癒各位的內心，也期盼所有人都獲得安慰與平靜。

謹將這本書，獻給總是以不足的我為榮的伴侶，

故鄉的家人，一直相信我的選擇並為我加油打氣的善英和銀煥，將我的想法轉化為現實的出版社工作人員，最後還有給予心兔始終如一的愛與支持的所有人。

喵嗚~~

Soulmate 16

內心的自己，想要跟你說說話

100 則療心配方，陪伴你收納情緒、好好照顧自己，為內心的暗影照進溫暖的光

作者 —— Seolleda 崔愍正
譯者 —— 李煥然

責任編輯 —— 郭玢玢
美術構成 —— 耶麗米工作室
總編輯 —— 郭玢玢

出版 —— 仲間出版／遠足文化事業股份有限公司
發行 —— 遠足文化事業股份有限公司（讀書共和國出版集團）
地址 —— 231 新北市新店區民權路 108-2 號 9 樓
郵撥帳號 —— 19504465 遠足文化事業股份有限公司
電話 —— （02）2218-1417
電子信箱 —— service@bookrep.com.tw
網站 —— www.bookrep.com.tw

法律顧問 —— 華洋法律事務所　蘇文生律師
印製 —— 通南彩印股份有限公司

定價 —— 450 元
初版一刷 —— 2023 年 9 月
初版三刷 —— 2024 年 1 月

ISBN 978-626-96568-8-2（平裝）
ISBN 978-626-97770-0-6（EPUB）
ISBN 978-626-96568-9-9（PDF）

國家圖書館出版品預行編目（CIP）資料

內心的自己，想要跟你說說話
—— 100 則療心配方，陪伴你收納情緒、好好
照顧自己，為內心的暗影照進溫暖的光
Seolleda 崔愍正著；李煥然譯.

-- 初版 . -- 新北市：仲間出版，遠足文化事業股
份有限公司發行，2023.9
面；　公分 . --（Soulmate；16）

ISBN 978-626-96568-8-2（平裝）
1. 自我肯定 2. 人際關係

177.2　　　　　　　　　　112012965